하룻밤에 읽는

보수의 역사

하룻밤에 읽는 보수의 역사

CONSERVATISM
An Invitation to the Great Tradtion

편저자 로저 스크러턴
옮긴이 이재학

1판 1쇄 인쇄 2022년 12월 22일
1판 1쇄 발행 2022년 12월 22일

펴낸곳 돌밭
펴낸이 돌밭
디자인 정다희
등록번호 2019-000031호
등록일자 2019년 5월 3일
이메일 theconsevativemind@naver.com

값 18,000원
ISBN 979-11-976676-1-9-03340

이 책의 국립중앙도서관 출판예정도서목록(CIP)은
서지정보유통지원시스템 홈페이지(http://seoji.nl.go.kr)와
국가자료종합목록시스템(http://www.nl.go.kr/kolisnet)에서 이용하실 수 있습니다.
(CIP 제어번호:CIP-03340)

CONSERVATISM
AN INVITATION
TO THE GREAT TRADITION

하룻밤에 읽는
보수의 역사

지은이 Roger Scruton 옮긴이 이재학

일러두기

각주는 모두 역주다.

미주는 저자가 붙인 주석이다.

본문에 등장하는 저자들 이름의 한글표기는 위키피디아를 따랐다.

목차

서문 6

1장 보수주의는 어떻게 시작됐는가 15

2장 철학적 보수주의의 탄생 43

3장 독일과 프랑스 보수주의 69

4장 정신과 문화의 보수주의 99

5장 사회주의에 맞서 싸우다 131

6장 정치적 올바름과 이슬람 극단주의 161

참고 서적 197

미주 203

서문

보수주의는 역사적으로 중요한 전환점을 맞았다. 그동안 입도 떼기 힘들었던 문제들이 최대 관심사로 떠올랐고, 인구 대이동과 지정학적 변화로 국제 정치의 흐름이 매우 달라졌기 때문이다. 또한 인터넷과 SNS 덕에 누구나 손가락 하나로 유권자들을 직접 만나게 됐다. 당연히 기존의 정치 과정은 매우 혼란스러워졌다. 전에는 상상도 못했던 사람이 갑자기 대통령이 된다 해도 전혀 놀랍지 않다. 권력 분립이 권력 대립으로 변질되는 현상도 빈번해졌다. 국가의 주요 권력기관들이 정치적 영향력을 더 많이 확보하려고 서로 경쟁을 벌이기 때문이다.

자유주의자들이나 보수주의자들을 막론하고 누구도 이런 변화에 미처 준비가 돼 있지 않았다. 그럼에도 이런 현상 덕분에 자유주의적 세계관의 수명은 새로이 연장됐고, 언론과 대학들은 견제와 균형이란 정치과정을 모두 없애버린 '포퓰리즘(populism)'에 맞서 힘을 모았다. 그러나 보수주의자는 이런 상황을 사면초가에 빠진 처지라고 느낀다. 보수주의자가 의지했던 가치, 절차, 제도들이 하나씩 사라져갔기 때문이다. 어쩌면 바로 그런 이유로 우리는 지금이야말로 보수주의의 역사를 진지하게 돌아보고 보수주의 철학자들이 해온 말들을 곱씹어 봐야한다. 앞으로 설명하겠지만 보수주의는 계몽운동의 시기에 지나친 자유주의적 개인주의를 견제할 필요성 때문에 등장했다. 그리고 그 보수적 사고들은 17세기에 보수주의가 처음 형태를 갖추어가던 때만큼이나 지금도 여전히 유효하고 의미가 있다.

물론 요즘 들어 보수주의자들이 무엇을 믿어왔고, 또 무엇을 쟁취하려 노력해왔는지 불투명해졌다는 사실도 부정하기는 힘들다. 내가 처음으로 정치 성향에 눈떴을 때는 지금과 사정이 많이 달랐다. 당시 보수주의는 자유와 전체주의가 세계 각지에서 대립하는 상황을 맞아 스스로의 가치나 정체성을 찾았다. 물론 보수주의자들 사이에도 미묘한 차이와 대립, 그리고 연대가 있었다. 우선 전통적 보수주의자들과 자유시장을 옹호하는 자유지상론자(libertarians)들이 서로 대립했다. 정부가 문화에 관심을 두어야 하느냐는 문제를 둘러싸고도 보수주의자들 내부엔 뿌리 깊은 분쟁이 있었고 아직도 있다. 그럼에도 그 양측의 보수주의자들에게 자유와 전체주의의 세계적 갈등은 여전히 존재했다. 물론 보수주의가 그 갈등 때문에 탄생하지는 않았다. 그러나 전체주의적 실험에 맞서 자유를 지켜내면서 보수주의가 자임했던 시대적 소명을 완수한 사실은 명백하다. 상황을 그런 식으로 보아야 보수주의에도 국제적인 대의명분이 있었다고 주장할 근거가 생긴다. 또한 보수주의는 대개 지역적 애착에서 비롯되지만 그 보다는 무언가 더 거창한 근거가 있고 인류의 미래와 보다 더 밀접하게 연결됐다는 인상까지 준다.

그러나 보수주의는 본질적으로 국제적인 운동이나 주장이 아니다. 보수주의의 특징은 특정 지역과 시대에서 활발히 제기되는 질문, 의구심, 사랑 등에서 온다. 보수주의자들이 법, 자유, 정의를 둘러싸고 벌였던 모든 분쟁은 역사적이고 실재하는 공동체 안에서 벌어졌다. 그들은 정치의 뿌리가 정착 공동체(settlement)에 있다고 믿는다. 그 정착 공동체가 특정 지역, 관습, 역사와 그 역사를 공유한 사람들을 한데 묶는 동기다. 정치의 언어는 1인칭 복수인 우리로 말해지고 정치인의 의무는 바로 그 1인칭의 복수를 유지하는 일이다. 바로 그 우리가 없다면 법은 뜬금없는 강요이며 **우리**가 아닌 **그들**의 법이 된다. 마치 정복 권력이 강요하는 법들이나 혹은 영국에서 우리가 경험했듯이 오래 전에 죽고 지금은 사라진 사람들이 맺은 조약으로 강제되는 법과 마찬가지다. 보수주의자는 반동주의자가 아니다. 버크가 말했듯이 '우리는 보존하려면 개혁해야 한다.' 혹은 보다 현대적인 어법으로 말하자면 우리는 반드시 적응해 가야 한다. 우리 자신과 우리에게 있는 그 무엇을 계속 지켜내고 싶기 때문이다. 오늘날의 상황을 이런 식으로 보아야할 필요는 미국의 건국 시기만큼이나 강해졌다. 최근 미국의 대통령 선거[1]는 우리의 정체성을 묻는 질문이 이미 정치 사고의 중심을 차지했다는 생생한 증거다. 그러나 스스로 자유주의자라 말하는 사람들은 그들의 정체성이 무엇이냐는 질문에 애매모호하게 답하는 경향이 있다. 그들은 정체성이란 움직이고 변하기 마련이라고 주장한다. 정치에서 '우리'는 결코 확정적이지 않을뿐더러 모든 경계선들은 기본적으로 유동적이라는 얘기다. 그러므로 우리에게 밀려오는 국제적 영향력들에 마땅히 보여야할 반응은 단 하나다. 정치적 사고를 보다 넓은 세계로 개방하는 일이다. 자유주의자들은 계몽운동의 보편적 이상들이 우리의 정치 행태를 지배해야 한다고 믿는다. 특정 지역의 역사적 특성이나 그곳에서 살아온 사람들이 체득한 의무감과는 무관하게 말이다.

보수주의자들은 계몽운동 시기에 등장한 자유주의적 개인주의에 맞서 인간 개인의 우연하게 고착된 본성을 먼저 보아야 한다고 주장했다. 오늘 날의 상황에 맞게 설명한다면 특정한 곳에서 사는 일군의 사람들이 정부를 세웠고, 정부는 이웃을 믿고 살아갈 필요성이라는 그들의 가장 중요한 욕구를 충족해 주어야 한다. 바로 그 때문에 오늘 날 보수주의자들은 조국의 방위, 국경의 유지, 국가의 통일성과 일체성을 강조해 마지않는다. 이는 또한 과거에도 그랬듯이 오늘 날에도 보수주의 세력 내부에 나타나는 긴장의 요소이기도 하다. 왜냐하면 자유 경제와 자유 무역이

1 2016년 도널드 트럼프 대통령의 당선을 지칭한다.

라는 신념은 불가피하게 지역적 애착이나 공동체의 보호와 충돌하기 때문이다.

다수의 지지를 받는 정부가 드문 오늘 날 대부분의 사람들은 우리가 승인하지 않은 정부 아래 살아간다. 따라서 우리가 지지하지 않는, 아니 아마도 진절머리 나게 증오하는 정치인들이 내린 결정이나 그들이 만든 법의 지배를 받아들인다. 그게 어떻게 가능할까? 우리는 왜 우리가 지지하지 않은 정치인들의 지배를 거부하면서 민주주의를 끊임없이 붕괴시키지 않을까? 왜 "나의 대통령이 아니다"라고 울부짖으며 낙담하는 유권자들의 항의 소리는 점차 잦아들어가고 마는가? 미국의 자유주의자들은 왜 캐나다로 대거 탈출해 버리지 않았는가?

보수주의자들은 이렇게 주장한다. 민주정체를 포함해 대부분의 정치 공동체는 정치 보다 더 강한 무엇으로 묶여 있다. 정치보다 더 중요하다고 느끼는 어떤 대상에의 충정이 1인칭 복수인 우리를 하나로 묶는다. 이 때문에 서로 다르게 표를 던진 이웃들이 상대를 동료 시민으로 바라본다. 따라서 그들에게 정부는 그들이 지지했든 안했든 '나의 정부'나 '너의 정부'가 아니라 '우리의 정부'다. 이런 정치 체제엔 많은 결함이 있다. 그러나 지금까지 고안된 어떤 정치 체제도 넘어서지 못한 장점이 있다. 권력을 행사하도록 선출된 사람들이라면 자신들을 지지하지 않았던 유권자에게도 마땅히 주어진 책임을 다하게 만든다는 측면이다. 이러한 종류의 책임감은 유권자들이 모두 하나의 '우리'로 묶여 있을 때에만 가능하다. 이 '우리'가 굳건할 때 비로소 사람들은 정치인들이 자신들의 가려움을 긁어 주리라 신뢰하게 된다. 그런 신뢰가 있어야 무언가 잘못됐을 때 사람들은 입법내용을 번복하는 과정에서 서로 협력하게 된다. 그런 신뢰가 있어야 개인적인 욕망과 충돌하는 한편 본인들이 공유하지도 않는 국가적 목표와 미래로 나아가자는 결정들을 수용한다. 보수주의에서 정치의 목적은 언제나 그러한 종류의 신뢰를 유지하는 일이었다. 물론 보수주의자들은 자유를 값어치 있게 여기고, 모든 개인에겐 그 자신만의 행복을 찾아가는 길을 선택할 권리가 있다고 인정한다. 그러나 그들은 또한 모든 개인이 사회의 관습과 제도로 존재하게 된 인공적 산물이라는 사실도 믿는다. 그리고 법과 공동체야말로 공동선을 유지해주는 자산이라고 모든 사람들이 존중하는 곳에서, 그런 복종적인 문화가 자리 잡은 곳에서만 진정한 자유가 발생한다고 믿는다.

그러므로 보수주의자들은 사회 정치적 유산으로 주어진 자유라는 깃대에 자신들의 깃발을 매달았다. 그들이 의미한 자유는 바로 이런 종류의 자유였다. 우리의 정치적이고 법률적인 유산에 아로새겨진 자유 말이다. 그리고 자유로운 결사(free associations)를 통해 우리 사회가 그 신뢰의 자산을 쇄신하도록 해주는 그런 자유다. 그렇게 이해된 자유란 시간을 두고 폭넓은 법의 지배 아래 이뤄진 수많은 합의의 결과였다. 정치의 과제는 하이에크가 묘사하듯이 '자유의 헌정(The Constitution of Liberty)[2]'을 수립하는 일이다. 자유는 어떤 일군의 공리가 아니라 진화해 가는 합의물이다. 이 합의물은 쉽게 묘사되지 않는다. 적극적 자유와 소극적 자유라는 이사이야 벌린(Isaiah Berlin)[3]경의 유명한 구분은 자유로운 공동체(community)의 핵심적 개념을 잡아내지 못했다. 그 공동체 안의 제약들은 실제적이며 사회적으로 생성됐지만 또한 시민의식의 일부로서 암묵적으로 수용된다. 영국과 미국이 소중하게 여기고 당연하게 받아들인 건 압제의 결여가 아니었다. 우리의 두 정치 공동체는 사적인 선택들과 공적 관습들의 조화를 높이 평가하고 보호해왔다. 우리는 사람들의 선택을 강제하지는 않되, 사람들을 제약하는 규준들을 준수한다는 암묵적 합의에 따라 살아왔다. 우리가 이에 동의해온 이유는 우리에게 자유란 속해있음(belonging)의 한 방식이었기 때문이다.

자유주의자들도 이런 속해있음의 수혜자들이다. 그러나 그들은 기존의 규준과 관습을 무시한다. 오히려 개인과 공동체에게 정체성을 스스로 규정할 권리가 있다고 믿는다. 그들은 자유가 암묵

2 하이에크가 집필한 책의 이름이기도 하며, 일본어로는 자유의 조건, 중국어로는 자유질서원리로 번역되기도 한다. 자유를 구성하는 근본적 원칙에 따라 문명이 가능해졌다고 해석한 책이다.

3 자유의 두 개념(Two Concepts of Liberty)이란 제목으로 1958년 옥스퍼드에서 한 강연에서 자유주의 철학자 벌린 경은 적극적 자유는 자유 의지대로 행동할 능력의 보유로, 소극적 자유는 개인의 행동에서 외부의 제약을 받지 않는 자유라고 구분했다.

적으로 널리 합의된 지혜에 바탕을 둔 공통의 문화로 주어진다고 생각하지 않는다. 좌익은 부정적이고 파괴적인 이유에서 영감을 얻는다. 그들의 전반적인 언어와 표현은 기존의 사회질서를, 물려받은 위계질서를, 오래도록 검증되고 폭넓게 공유해온 지혜를 고수하자는 사람들을 매도하는 쪽으로 발달했다. 그래서 우리는 지금 '인종차별주의,' '외국인 혐오,' '동성애 혐오,' '성차별주의' 등의 '주의'나 '혐오'라는 비난의 표현들이 매우 난무하는 시대로 접어들었다. 따라서 문화적 자산의 모든 측면을 비난하려드는 그런 표현들을 우리는 감내해야 한다. 이런 상황에서 보수주의자들은 일관되게 소신 있는 발언을 하기도 힘들고, 앞서의 소음들에 맞닥뜨렸을 때는 호흡을 가다듬기조차 어렵다. 그럼에도 보수주의자들의 주장은 개진되어야 한다. 나는 선의의 자유주의자가 보수주의자의 주장들이 진정 무엇인지 잘 살펴보도록 만들겠다는 희망을 가지고 이 책을 집필했다.

나는 보수적 사고가 자유에만 전적으로 헌신하지 않는다는 점을 보여주려고 한다. 비록 20세기의 논쟁과 격변의 기간엔 경제적 자유가 중요한 문제였다. 그러나 지금은 경제적 자유가 그들의 유일한 관심사가 아니다. 보수주의자들은 위대한 문명, 법률들의 다층적 유산, 그리고 여러 제도들과 고매한 문화의 후계자인 우리 존재의 전반적인 모습에 관심을 갖는다. 보수주의자들은 법이 지배하는 우리 사회의 존재 이유를 우리가 스스로 누구인지 알아왔기 때문이라고 생각한다. 그리고 그런 우리의 정체성은 종교나, 부족, 혹은 인종이 규정하지 않는다. 우리의 국가, 우리가 공유하는 삶의 자유로운 형태를 수립해온 독립적 영토(sovereign territory)가 우리의 정체성을 분명하게 정의한다. 그리고 오늘날 우리가 현재 살아가는 모습 말고 이 세계에서 달리 공존할 방법이 있다고 생각한다면 나는 기꺼이 그 이야기를 듣고 싶다.

1장

보수주의는 어떻게 시작됐는가

현대 보수주의는 계몽 시대의 산물이다. 그러나 역대 모든 문명을 살아낸 인간의 모습에도 다 스며있다. 보수주의는 적어도 그리스 고전만큼이나 오래된 철학적 유산을 계승했다. 아리스토텔레스는 《정치학》에서 고대 세계에서뿐 아니라 오늘날의 보수 사상가들 사이에서도 설득력 있는 관점으로 헌정질서에 따른 정부를 옹호했다. 사실 현대 보수주의자들이 피력하는 거의 모든 개념들은 아리스토텔레스의 위대한 저작에 다 등장한다. 물론 아리스토텔레스가 미처 예견하지 못했던 상황, 그러니까 국민국가의 등장이나, 통일된 종교의 상실, 단일한 법의 지배 아래 이방인 수 백 만 명이 서로 협력하는 '위대한 사회(great society)'의 성장 등에 맞게 그 개념들이 조정이 되긴 했다.

지성사를 연구하는 학자들은 이념들 자체에 그들만의 독립적인 역사가 있어서, 하나의 날씨가 다음 단계로 이어지듯이 한 이념이 다른 이념을 낳는다고 가정하는 실수를 반복한다. 이념들을 경제적 힘들의 부산물로만 간주하는 마르크스주의자들은 물질적 원인에 지성적 삶이 전적으로 종속된다고 간주하는 정반대의 실수를 저지른다. 마르크시즘의 광대하고 파괴적인 영향력은 그들 자신의 주장을 반박하는 분명한 증거다. 미국의 보수주의자 리처드 위버(Richard Weaver)[4]가 유명하고 영향력 있는 그의 책 제목으로 말했듯이 《생각은 현실로 이어진다(Ideas Have Consequences, 1948)》. 보수적 생각뿐 아니라 좌익의 생각도 현실로 이어지긴 마찬가지다. 따라서 현대 보수주의의 탄생 과정을 이해하려면 생각이 인간사에서 미치는 폭넓은 영향력을 인정해야 한다. 그러나 생각은 또 다른 생각으로만 만들어지지 않는다. 오히려 합리적 주장들보다 더 깊게 자리 잡은 생물학적, 사회적, 정치적 조건에 생각의 뿌리가 있는 경우가 잦다는 사실을 인식해야 한다.

인간은 자연스레 공동체를 이루며 살아간다. 상호신뢰가 이런 공동체들을 하나로 묶는다. 사람들은 안전하게 자리 잡고 함께 살아갈 장소가 필요하다. 누구도 그곳에서 살아가는 사람들의 권리를 시비하지 않고, 만일 외부의 위협을 받는다면 이웃들에게 도움을 요청하기도 한다. 이웃들과 평화롭게 지내고 그런 평화를 확보할 절차도 있어야 한다. 사람들은 가정생활이 주는 사랑과 보호

4 1910~1963, 시카고 대학에서 영문학을 가르친 학자로 지성사가 이며 전통을 중시한 보수주의 정치 철학자로 유명하다.

가 필요하다. 이런 모든 측면에서 인간이 살아가는 조건을 어떤 목적에 맞게 멋대로 바꾸려든다면 생물학적, 사회적 재생산이라는 필요에 뿌리내린 인간의 숙명적인 삶을 훼손하는 셈이다. 또한 그런 요소들이 사상의 영역에서는 너무 멀리 떨어져 있어서 언급할 가치조차 없다는 정치적 주장은 우리 마음에 반드시 간직하고 있어야할 인간의 모든 한계를 무시하는 처사다. 따라서 그런 정치 철학은 대단히 믿기 힘들다. 쉽게 말해 이상향을 앞세우는 현대의 정치학들이 바로 인간의 그런 한계들을 무시한다. 마르크스와 엥겔스는 법이 없는 사회를 상상한다. 렝(Laing)은 가정이 없는 사회를, 사르트르는 국경이나 국방이 없는 사회를 상상한다.[1] 나를 포함해 보수적 견해를 가진 학자들이 그러한 견해를 반박하려고 꽤나 애써왔다. 그러나 그런 견해의 신봉자들은 원래 현실을 있는 그대로 인식하지 못했던 사람들이기에 설득이 결코 용이하지 않았다.

따라서 먼저 정치적 사고의 한계들을 규정하는 인간 조건의 몇몇 특징들을 이야기해보자. 보수주의자들은 대부분 그런 특징들이 자신들의 철학에서 대단히 중요한 위치를 차지한다고 주장한다. 그 특징들 가운데 첫 번째는 사회적 소속감이다. 인간은 공동체에서 살아가며 그곳에서 자신들의 안전과 행복을 추구한다. 부족 사회에서 사람들은 친족(부분적으론 신화) 안에서 서로 관계를 맺는다. 종교적인 사회에서 사람들의 소속감은 제례와 신앙으로 규정된다. 정치적 사회에서 사람들의 관계는 법이 지배한다. 현대의 세속적인 국가에서는 그 법을 시민이 만든다. 대개는 시민들이 선출한 대의원들을 통해 만들어진다. 이 법의 집행은 주권이라는 권위가 보장한다. 부족 사회, 종교 사회, 정치 사회라는 세 가지 형태는 오늘 날에도 세계 각지에서 목격된다. 현대 보수주의가 등장하게 된 최초의 계기는 정치 질서의 부상이었다. 어떤 역사 해석에 따르면 보수주의는 순수하게 정치와 법률로만 재편되어 가던 공동체들에서 종교와 친족 사회의 가치들을 지키려는 시도로 등장했다고도 한다.

사회적 소속감은 개인의 애착과 밀접한 관계가 있다. 인간은 어머니에, 또 그런 어머니를 보호해주고 보살펴주는 가정에 애착을 느끼는 단계에서 삶을 시작한다. 그러나 성인으로 성장해가면서 애착의 결속력은 약화되고 그 대상은 넓어진다. 젊은이에게 어머니와 가정의 필요성은 상대적으로 적어지고 친구와의 협력은 그만큼 더 필요해지기 때문이다. 인생을 살아가는 과정에서 관습, 장소, 인간관계, 각종 제도와 공유하는 존재양식들은 모두 다 우리의 애착을 증폭시키며, 익숙하고 믿을 만한 여건에서 편안하게 살아간다는 느낌을 만들어낸다. 바로 그 친숙함과 신뢰의 느낌은 우리에게 대단히 소중하다. 그런 느낌을 상실하면 불안하고 슬퍼진다. 보수적 사고에서 가장 중요한 요소는 이 신뢰와 친숙함의 연결고리를 유지해 공동체를 오래 존속시키려는 욕망이다. 보수주의는 그 이름이 말하는 그대로 우리의 공동체를 보존하려는 노력이다. 물론 에드먼드 버크가 말한 대로 '우리는 보존하려면 개혁해야 한다.' 때문에 지금 우리가 가진 모든 구체적 사항들을 시시콜콜하게

다 보존하자는 의도는 아니다. 우리 공동체의 오랜 존속을 보장해 주는 그런 핵심적 사안들만은 꼭 지키자는 말이다.

인간이란 존재는 서로 협력만 하지 않고 경쟁도 한다. 따라서 경쟁은 평화롭고, 갈등은 꼭 해소되도록 만들어야할 필요가 매우 크다. 그런데도 현대 사상가들이 고안해낸 거의 모든 이상향들에선 사람들이 오직 협력적 관계로만 존재하며, 그런 협력으로 경쟁의 요소가 순치된다는 전제에 기반을 두었다. 이런 허황된 전제 때문에 그 이상향들은 믿기 힘들다. 마르크스와 엥겔스의 《독일 이데올로기(The German Ideology, 1845)》가 주장하는 '완전한 공산주의'의 경우 그곳에서 사는 존재들은 실체가 있었지만 그들의 관계는 완벽하게 추상적이었다. 또한 윌리엄 모리스의 《유토피아에서 온 소식(News from Nowhere, 1890)》이 말하는 신고딕의 영국은 감상적인 요정의 나라에 지나지 않았다. 경쟁은 인간 본성의 뿌리이며 문제를 해결하는 방식이자, 문제를 일으키는 가장 중요한 원인이다. 친족관계는 폭력으로 번져갈 만한 모든 분쟁에서 '나'를 '우리'로 대체해 경쟁을 완화한다. 그러나 친족관계는 몬태규와 카풀렛 가문[5] 사이에 벌어졌듯 가족 간의 경쟁이나 부족 간의 경쟁을 만들어내기도 했다. '복종'과 그에 따른 '평화'를 요구한 종교의 발견으로 무함마드는 그 부족 간의 질서를 잡았다. 그러나 종교적 '평화'

5 로미오와 줄리엣이라는 셰익스피어 희곡에서 경쟁 대립하는 가문의 이름으로 등장한다. 13세기 이탈리아에 실재했던 가문들의 정치적 갈등에서 비롯된 이야기라고 한다.

는 다시 이단과 무신론자에 맞서는 전쟁을 낳았다.

사회적 소속감의 옛 형태들은 계몽 시대라는 근대 세계에서 일련의 종교 전쟁들로 이어졌다. 따라서 사람들은 사회 질서의 중심에 화해를 심어 넣는 새로운 방법들을 찾았으며, 법의 지배 아래 놓인 세속적 정부가 미래로 나아가는 최선의 희망처럼 보였다. 그런 정부는 열정이 아니라 이성을 앞세우겠다고 약속했기 때문이다. 계몽시대는 인간이 그동안 허상을 두고 싸워왔으며 이제는 현실에 입각해 합의할 때라는 집단적 깨달음을 가져왔다.

보수적 사고에 앞서 아리스토텔레스가 최고의 지성인이었을 때, 사람들은 인간의 특징으로 이성을 강조했던 그를 추종했다. 갈등을 해소하고 장애물을 극복하는 독특한 수단으로 이성의 행사라는 방식이 인간에게 있다고 그는 생각했다. 그러나 이미 아리스토텔레스에게도 분명해 보였고, 집단적 의사결정 과정을 따져본 현대적 연구로도 명백해졌다시피 모든 사람들이 공통의 문제에 이성을 적용한다 해도 합리적 해결책이 부상하지 않는 경우가 있다. 다른 말로 이성적으로 사고한다 해도 결과가 합리적이지 않을 때가 있다. 이는 죄수의 딜레마로 분명히 나타났다. 죄수 두 명이 각자 이성적 선택을 한다 해도 그들 각자는 최선의 이해에 부합하지 않는 방식으로 행동하게 된다는 이야기다.[2] 버크는 프랑스 혁명을 비판했던 그의 논점에서 이 결정적 관찰을 이미 제시했었다. 열렬한 신봉자들이 머릿속에서 그려낸 이성적 계획들은 저절로 파멸에 이르고 만다고 그는 말했다.

보수주의자들도 인간의 이성이라는 아리스토텔레스의 개념을 공유한다. 정치적 삶의 한 가지 목적은 이성의 행사를 가다듬고, 그 이성의 집단적 행사에 필요한 미덕을 시민들에게 심어주는 데 있다는 걸 그들도 인정한다. 그러나 다른 때엔 또 달리 생각하기도 한다. 인간이 이성을 발휘해 좋은 효과를 거두려면 이성과 무관하게 만들어진 관습과 제도들이 필요하다는 사실이다. 바로 이 통찰이 아마도 인간이라는 종족의 자기 이해에 보수주의가 기여한 가장 주요한 부분일지 모른다. 앞으로 그 사정을 조금 더 자세하게 설명해 보고자 한다.

물론 보수적 사상에도 이성을 강조하는 성향이 없지 않다. 보수적 철학은 관습과 공동체의 필요성을 강조하는 만큼 개인의 자유를 옹호하고, 공동체는 습관과 굴종으로만 엮인 유기적 연결망이 아니라 이성적 존재의 자유로운 결사라고 인식하며, 구성원 각자는 그 자신의 정체성을 보유하고 소중하게 여긴다고 간주한다. 우리가 오늘 날 아는 보수주의엔 명백하게 현대적인 특징을 지닌 두 개의 기둥이 있다. 사회적 소속감을 지닌 '우리'가 '나'라는 개인적 야망을 억제해 모든 점에서 균형을 이루는 그런 사회들의 부상이 그 하나요, 계몽시대의 정신이 다른 하나다.

독립적 선택의 영역이 있고, 각자 자신만의 길을 따라 개별적 충족을 추구하는 그런 개인들의 집합이 사회라는 개념은 언제 등장했을까? 결코 최근 들어 등장하지는 않았다. 스위스의 역사학자 야코프 부르크하르트(Jacob Burckhardt)[6]는 유명한 연구에서 개인의 부상은 르네상스의 정치적이고 지적인 자각 덕분이었다고 말했다. 얼마전 발행된 책에서 래리 시덴톱(Larry Siedentop)[7]경은 개인의 부상이라는 개념이 그 보다 더 오래 전인 예수와 성 바오로의 종교에서 시작됐다고 주장했다. 기독교의 신이 인간을 사랑하는 핵심은 개인 영혼의 구원에 있었기 때문이다.[3] 그러한 견해들의 진실이 무엇이든 정통성과 국민적 동의 사이의 연결을 강조하면서 계몽시대의 개인주의가 새로운 특성을 띠었던 건 매우 분명하다. 시민들이 서로 협력해 자신들이 지키며 살아갈 법률을 만들어간다는 정치적 사회라는 현대적 개념은 군주제의 주권이라는 더 오래된 개념들과는 구분되어야 한다. 군주제의 주권은 왕국 안에서 강력한 집단들의 목소리에 귀 기울이고 그들을 다독여야할 필요가 있는 군주가 그 나름의 방법으로 수립했을 뿐이기 때문이다.

그러나 그 오래된 개념에서 의회 민주주의라는 근대적 형태로의 이행이 절대적이고 명쾌했다고 생각하면 안 된다. 영국의 경우엔 하원의 동의 없이 신민들에게 왕의 세금 부과가 불가능했던 에드워

6 1818~1897, 미술사와 문화사를 연구한 스위스 학자다. 사회 제도와 함께 회화와 조각 건축까지 함께 고려해 르네상스 시대를 새로이 발견했다는 평가를 받는다.

7 1936~ 미국 태생의 영국 정치철학자. 그의 책 《개인의 탄생》을 2016년 부글북스가 국내에서 번역 출판했다.

드 3세(1327~1377) 통치기간 이래 단계적으로 수립되어 갔다. 에드워드 3세 이후 영국 왕실의 역사를 보면 중요한 결정들에서 통제권을 획득하려는 의회의 시도는 연이어 성공을 거두었다. 1688년 명예혁명[8]으로 스튜어트 왕가의 마지막 왕인 제임스 2세가 윌리엄 3세(오렌지 공)의 왕위 계승을 추진하려 폐위됐고, 1689년 권리장전을 의회가 채택하면서 영국은 명확하게 입헌군주국이 되었다. 이런 체제에서 왕권은 관습과 널리 합의된 지혜로 제한되어 통치의 주 업무를 상하 양원에 이양했다.

이 무렵 현대 보수주의 운동의 배경이 된 주요 개념들이 영국과 프랑스에서 부상하기 시작했다. 프랑스 혁명을 지적으로 뒷받침했던 자유주의적 개인주의자들도 처음엔 이 개념들의 몇 가지를 공유했다. 그 중 첫 번째이자 가장 폭넓은 개념은 지배받는 사람들의 동의 여부에 정부의 정통성이 달려있다는 생각이었다. 주권의 궁극적 근원인 국민들이 정부에 권위를 부여한다는 말이다. 지금은 우리에게 명백해진 이 개념이 정부의 중세적 관점을 전복한다. 그 관점에 따르면 역사적(주로 신성하다는 의미였다) 권리에 따라 임명된 군주는 모든 국가 권위의 뿌리였다. 중세적 관점에서 개인의 자유는 군사 복무나 궁중에서의 봉사를 대가로 왕이 개인에게 부여한 특권이었다. 중세 시기 전반에 걸쳐 개인주의가 떠오르고 있었지만 아직 철학적으로 명확한 개념을 얻지는 못했었다. 또 정부

8 왕권신수설을 주장한 제임스 2세의 퇴위와 1689년의 권리장전으로 영국의 헌정체제는 전제군주제에서 입헌군주제로 바뀌었다.

이론들은 정통성이 국왕에서 개인으로 흘러내려간다고 보았지 나중에 받아들여진 대로 통치에 동의한 사람들에서 왕으로 거슬러 올라간다고 보지는 않았다.

중세에 벌어진 두 가지 토론의 결과물이 계몽시대에 접어들며 핵심적 요소로 부상했다. 천상과 지상 양 정부의 관계는 무엇이며, 자연법의 지배를 받는 정부의 한계는 어디에 있는가라는 논란들이다. 그리스 스토아학파들은 두 가지 법률이 존재한다고 주장했다. 인간이 만든 법이 하나요, 다른 하나는 '자연적(natural)' 법이다. 자연법의 권위는 우리가 보유한 내재적 추론의 힘에서 온다. 그러한 법의 존재를 위대한 스콜라 철학자 성 토마스 아퀴나스(St. Thomas Aquinas, 1226~1274)가 옹호했다. 그는 인간의 잣대로 만들어진 모든 제도들을 재단할 기준을 자연법이 제공해준다고 보았다. 이러한 논의들은 다양한 시도와 함께 이루어졌다. 우선 교회의 권력을 정의하거나 제한하는 시도가 있었다. 또 다른 한편으론 서로 각축을 벌였던 종교제도들과 세속 질서의 욕구들을 절충하려는 시도였다. 공동체의 영적인 복리에 헌신하려던 종교가 사회를 완전히 장악하려는 세속 질서와 서로 경쟁했기 때문이다. 중세엔 정통성이 왕에서 신민에게로 흘러내려간다는 개념이 지배적이었다. 그러나 종교개혁과 더불어 교회와 국가의 갈등이 확대되면서 왕권에 한계를 지우고자 자연법을 강조하는 흐름이 점차 더 강력해졌다. 따라서 계몽 시대에 이르러 중세의 정통성 개념은 신민에서 왕권으로 상향해서 흘러간다는 자유주의적 관점으로 대체됐다.

정치 철학 초기 저작물의 하나로서 영국 보수주의의 목소리를 명징하게 드러낸 책은 리처드 후커(Richard Hooker, 1554~1600)의 《교회 행정조직의 법들에 관해(Of the Laws of Ecclesiastical Polity, 1594)》였다. 이 책에서 그는 교회와 국가 간의 절충을 정당화하려고 했다. 교회와 국가는 개인의 자유를 보장하고 영적인 권력과 세속적 권력 사이의 평화를 담보하는 자연법의 관점에서 상대의 영역을 서로 제한해야 한다고 후커는 믿었다.

오늘 날 많은 보수주의자들이 존중해 마지않는 그 저작은 정치 토론의 차원에선 현대 이전(pre-modern)에 속한다. 영어권 국가에서 정통성의 현대적 시각을 처음으로 충실하게 표현한 사람은 토머스 홉스(Thomas Hobbes 1588~1679)였다. 그의 널리 알려진 저작인 《리바이어던(Leviathan, 1651)》은 자유로운 선택권을 지닌 개인들이 '국가(commonwealth)'를 형성하며 그들의 신념과 욕망으로 국가가 움직인다는 전제로부터 선한 정부라는 설명을 끌어내려 시도했다. 자연 상태에서 이런 욕구 충족형의 개인들은 생존과 번영에 필요한 수단을 얻으려 경쟁하게 되며 그 결과 만인이 만인과 투쟁을 벌이게 된다고 홉스는 주장했다. 그런 조건에서 삶은 그의 유명한 말을 빌리자면, '외롭고, 가엾으며, 거칠고, 비참한데다 짧다.' 그러나 개인들은 자연 상태 위로 솟아오를 수단이 있다. 사람들은 이성적 선택으로 서로에게 이익이 되는 행동에 합의하기 때문이다. 그렇게 그들은 정부를 수립하겠다는 계약을 맺는다. 이 정부는 모든 사람 위에 군림하며 그들 각자에게 보호를 제공한다. 사회 계약으로 만들어진 왕권은 그 계약의 일방 당사자는 아니지만 그 계약을 위반하거나 회피하려는 모든 사람에게 계약을 강제할 절대적 권력을 누린다.

홉스 이론의 구체적인 사항은 지금 우리의 관심사가 아니다. 그가 정당화한 왕권의 개념이 중요할 뿐이다. 그는 정치적 권위의 근원이 신민 개인의 동의에 있다고 본 철학자였다. 따라서 정통성이 있는 질서라면 타협적이고 부드러우며 유연해야 한다고 결론지었으리라 예상된다. 그러나 아니었다. 홉스는 (안전한 거리인 파리에서 지내긴 했지만) 영국 내전의 시기를 겪었다. 그는 정부가 붕괴하면서 파생된 엉망진창의 무질서와 잔혹함을 목격했다. 왕권의 절대 권력이 그런 혼란을 방지할 유일한 방법이라면 마다할 이유가 없었다. 그로인해 어떤 대가를 치르더라도 자신이 목격한 혼란보다는 낫다고 생각했다. 더욱이 이런 사정을 이해하는 이성적 존재들이라면 절대 왕권을 만들어낼 계약에 서명하리라고 보았다.

홉스에 바로 뒤이어 제임스 해링턴(James Harrington, 1611~1677)은 《오세아나 연방(The Commonwealth of Oceana, 1656)》에서 이상적인 세속 국가의 모습을 제시했다. 해링턴은 마키아벨리 숭배자였다. 세속의 지배자들에게 냉소적인 충고를 전한 마키아벨리의 《군주론(The Prince, 1532)》은 정치권력의 현실적인 묘사로 세계에 충격을 주었다. 해링턴은 본질적으로 자본주의 사회의 공화정 정부- '증대를 위한 공동체(a commonwealth for increase)'-가

가장 안정적인 정치 체제임을 보여 주려 했다. 이 과정에서 그는 성문 헌법과, 양원제 정부, 비밀 투표, 그리고 대통령 간접 선거 등 이상적 국가가 지녀야할 여러 제도를 주장했다. 이 나라는 그의 유명한 표현에 따르면 '인간의 제국이 아니라 법률들의 제국'이어야 했다. 수많은 미국 헌법의 아버지들에게 강력한 영향력을 행사한 해링턴의 저작은 홉스를 추종해 대중의 동의가 정당성의 근거라 주장했으며 종교적 복종이 정부에 정당성을 부여한다는 어떤 견해도 단호하게 거부했다.

존 로크(John Locke, 1632~1704)의 《통치론(Two Treatises of Civil Government, 1690)》은 국민 주권설을 한발 더 끌고 나갔다. 후커의 영향을 강하게 받은 로크는 자연법 개념으로 되돌아갔다. 로크는 자연법을 추상적 명령이 아니라 우리의 권리라는 내재적 인식으로 이해해야 한다고 주장했다. 모든 이성적 존재가 인정하는 자연권이 있다는 얘기다. 이성은 이러한 권리들이 어떤 사회질서에서도 존재한다고 인식한다. 그 중 주요한 권리는 생명, 신체, 행동의 자유라는 권리들이다. 누구도 나에게 위해를 가하지 않고는 이런 권리를 박탈하지 못한다. 물론 내가 무언가 잘못을 저질러 상대에게 그리 할 정당한 이유를 준다면 몰라도 말이다. (아마도 그런 상황에서조차 그 권리들이 진정으로 '양도불가하다'면 불가능할지 모른다.) 사유재산권도 자연권이다. 다시 말해 내 팔다리가 동원된 만큼의 작업 결과물이 나의 소유이듯이, 특정한 조건 아래, '내 노동력이 엮여서' 생산되거나 획득된 어떤 사물은 모두 나의 소유다.

이성적 존재들은 그러한 자연권들을 심지어 자연 상태에서도 인정한다. 이런 권리들을 두고 서로 다투지 않도록 홉스의 왕권이 절대적으로 보호하고 통제해야 한다고 요구하지도 않는다. 그 자연권은 개인의 구체적인 권리들이며 그 권리를 보유한 사람들이 동의하지 않으면 제한되거나 박탈당하지 않는다. 동의에 따라 권리가 제한되는 과정은 오직 행동의 자유와 재산권에만 국한되어 적용되고 생명이나 신체적 권리에는 미치지 못한다. 그런 권리는 로크의 견해에 따르면 '양도불가능하기' 때문에 어느 경우에도 제한되지 않는다. 모든 정부는 신민(臣民, subjects)의 자유를 제약하고 더 큰 권력에 복종하도록 요구하는 존재이므로 신민이 동의한 결과에 따른 정부가 아니면 어떤 정부라도 정당화 되지 않으며, 신민의 동의가 없다면 어떤 정부도 정당화 되지 않는다. 따라서 정당한 정부의 표본은 계약에서 발견되어야 한다. 자연 상태에서 시민사회인 국가로의 이행은 사회의 안전과 효용을 대가로 자신들의 권리제한을 받아들인 자유로운 존재들이 맺은 사회 '계약(compact)'의 결과이어야만 정당해진다. 이 계약은 역사적 사건은 아니지만 실제 그런 일이 있었던 듯이 사회에 내재한 구조이며 '암묵적 동의'로 그 모습을 드러낸다.

시민 사회는 정부의 특정한 기관들을 만들어서 구성원들 사이의 계약적 관계를 소중히 여기고 보호했다. 로크는 효과적인 권력분립이 자유를 더 잘 보호하고, 사회계약을 더 잘 준수하게 한다고 말했다. 따라서 로크는 이미 해링턴이 소개했던 권력분립 개념을 결과적으로 더 강조한 셈이다. 이 개념은 부분적으론 몽테스키외가 언급한 조금 더 조심스럽고 체계적인 이론을 통해서 보수주의나 자유주의 사상 모두에 핵심적인 영향력을 행사했다.

몽테스키외 남작(1689~1755)이라고도 불리는 샤를 루이 드 세콩다(Charles-Louis de Secondat)는 로크와 영국의 헌정체제(그가 영국의 헌정체제로 생각한 내용)를 숭배했다. 그는 영국 헌정체제를 '자유의 거울'이라고 칭송했다. 그의 저작 《법의 정신(The Spirit of Laws, 1734)》은 권력분립이 행정 사법 입법 3부의 영역으로 이뤄진다는 가장 영향력 있는 이론을 담았다. 몽테스키외는 신민의 자유를 보장하려면 그 세 영역들이 가능한 한 분리되어야 한다고 주장했다. 그는 오직 영국식 헌정체제의 귀족적 정부 형태만이 권력 분립의 실질적인 균형을 창조해낸다고 주장했다. 반면 절대 군주제나 평민이 지배하는 정부 형태 모두에는 전제적 성향이 내재한다고 했다. 그는 자유를 옹호했다. 그러나 계몽의 시대에 등장한 새로운 자유가 아니라 루이 14세의 절대주의가 없애버린 과거의 자유를 회복하려는 욕구가 더 강했다.

해링톤, 로크, 몽테스키외는 모두 미국 건국의 아버지들에 영향을 미쳤다. 그들은 이 세 사상가들의 논리에 따라 헌법을 만들고 행정권한은 대통령에, 입법권은 의회에, 그리고 사법권은 대법원에 주었다. 몽테스키외는 계몽 시대 이후 보수주의자와 자유주의자 모두의 존중을 받았다. 위대한 보수주의 사상가 에드먼드 버크는 사회 질서의 보수적 관점에서 자유라는 개념을 명확하게 표명하려는 몽테스키외의 철저한 시도를 칭송해 마지않았다. 로크와 몽테스키외가 자유주의적 개인주의의 이론을 발전시켜 미국의 혁명가들과, 그들을 추종한 프랑스의 급진적 혁명가들을 모두 지원했다. 그럼에도 그들의 근본적인 개념들은 자유주의자들의 저작뿐 아니라 보수주의자들의 글에서도 그만큼 많이 나타난다. 이런 사정은 현대 보수주의가 어떻게 발생했고 궁극적으로 그 사상이 무엇을 지지하는지 정확하게 파악하고자 한다면 반드시 이해되어야 한다.

로크의 《통치론(Treatise of Civil Government)》 제1권은 로버트 필머(Robert Filmer,1588~1653)경이 주장한 현대 이전(pre-modern)의 보수주의를 공격 대상으로 삼았다. 필머는 왕권신수설을 정당화하려는 짧은 책자를 발행했다. 필머의 주장은 이미 빠르게 매력을 잃어가던 정부 형태를 옹호하려는 뒷북치기 시도였다. 그의 개념은 잉글랜드 내전[9]으로 이미 치명상을 입었다. 영국 내전 이후 자유주의자와 보수주의자들의 분쟁은 현대적 형태로 부상했다. 국민주권, 개인의 자유, 그리고 헌법적 권리 등 폭넓은 개념들 안에서의 분쟁이었다. 물론 프랑스 혁명의 추이를 보며 뒤늦게 그러한 개념들에 의문이 드리워졌고 위대한 프랑스 논쟁가 조셉 드 메스트르

9 1642년에서 1651년까지 세 차례로 나뉘어 벌어진 일련의 내전들을 지칭한다. 왕당파와 의회파가 정부 형태와 종교의 자유문제를 두고 대립했다. 의회파가 승리했다. 1653년 올리버 크롬웰이 호국경으로 선출됐다. 영국 역사에서 의회가 군주에 대항한 첫 번째 사례였으며 1688년의 명예혁명에 영향을 주었다.

(Joseph de Maistre)는 '신권(divine right)'이라는 새로운 견해를 피력했다. 그러나 최근 들어 그의 주장은 보수적 시각의 발전이라기보다는 반동적인 견해로 간주된다. 보호와 쇄신이라는 정신에 입각해 변화하는 여건에 적응해가자는 호소가 아니라 단지 구질서만 되살리려 했기 때문이다.

로크 이후 자유주의와 보수주의 사이에 형성된 전선은 국민주권의 영역 안에 존재하게 되었다. 이렇게 우리는 자유주의적 개인주의의 몇 가지 요소가 처음부터 보수주의 안에도 자리 잡았다는 사실을 보아야 한다. 그래야 현대 보수주의의 정치 운동을 제대로 이해하게 된다. 특히 보수주의자와 자유주의자는 제한된 정부, 대의 제도들, 권력 분립, 그리고 시민의 기본권 등이 필요하다고 생각하며, 이 모두가 현대 집산주의 국가의 하향식 통치에 맞서 보호되어야 한다고 믿는다.

이러한 관점은 두 가지의 대립적 의미로 사용되는 '자유주의적(liberal)'이라는 용어로 불투명해졌다. 한편으로는 로크와 그의 추종자들이 옹호하는 개인의 자유라는 정치와 철학을 나타내는 의미로 쓰이고, 다른 한편으론 근대의 사회주의가 등장한 이래 '진보적' 정책과 개념을 나타낼 때도 '자유주의적'이라는 용어가 쓰였다. 결과적으로 그 두 개념들은 해방을 이야기하는 두 가지의 대립적인 서사에 속했다. 그 첫번째 서사는 고전적 자유주의로서 왕권에 맞서는 개인 자유의 성장을 말한다. 다른 하나는 사회주의로서 사회 권력의 고착된 위계질서를 없애가며 국가가 꾸준히 만들어나가는 평등의 증가를 이야기한다. 프랑스의 혁명가들은 그 자유와 평등을 함께 약속한다는 구호를 들고 전투에 뛰어들었다. 이후의 역사는 그 목표들이 현실적으로 병행불가하거나 적어도 서로 근본적인 길항관계에 있다는 점을 보여주었다. 현대 보수주의의 기원을 생각해보라. 애초엔 '고전적' 자유주의에 맞서고자 시작됐음을 주목해야 한다. 그러나 자연권과 재산권의 강조를 포함해 로크의 핵심적인 개념도 많이 통합한 사상이었다.

현대 보수주의는 따라서 영국과 프랑스에서 자유주의적 개인주의라는 자격증(qualification)을 들고 그 삶을 시작했다. 보수적 논지는 적어도 부분적으론 국민의 동의가 있어야 정부에 정통성이 주어진다는 상향식 관점을 수용했다. 또한 정치권력과 독립적 개인의 자유를 일부 제한하는 자연법과 자연권의 시각도 수용했다. 대체로 입헌 정부, 나중에 제퍼슨이 '견제와 균형'(버지니아 주에 관한 노트, 질문 XIII)이라고 묘사한 형태로, 여러 권력들과 정부 기관들이 서로에게 책임을 묻는 그런 정부 형태를 지지했다.

그런 관점에서 현대 보수주의는 잠재적 압제자에 맞서 개인을 옹호하고, 또 국민 주권을 추인하며 생겨났다. 그러나 정치 질서가 계약에 기초했다는 관점에는 반대했다. 이와 함께 개인은 자연 상태에서 자유, 주체성, 권리를 누린다거나 사회 정치적 소속감이란 짐을 떨쳐버리고 절대적 자유의 조건에서 다시 시작한다는 주장도 거부했다. 보수주의자에게 인간은 의무를 진 채 태어나, 지혜라는 소중한 유산을 간직한 제도와 전통들에 복종하는 존재다. 그러한 전통과 제도가 없는 자유의 행사는 인간의 권리와 자격을 증대하기보다 그것들을 파괴할 가능성이 크다.

영국에서 그러한 종류의 보수주의를 처음으로 옹호한 위대한 인물은 윌리엄 블랙스톤 경(William Blackstone, 1723~1780) 판사다. 그는《영국 법률에 대한 논평들(Commentaries on the Laws of England, 4 vols, 1765~1769)》에서 영국의 관습법과 불문헌법이 자연법의 구체적인 적용사례들이라고 옹호했다. 블랙스톤은 영국 헌법과 관습법이 질서 있는 정부의 필요에 부응하고 사회적 갈등을 해소하는 방책이라고 제시했다. 또 그 해결책들은 시간과 관습을 통해 이미 검증됐다는 주장이다. 오랜 시간 이런 제도들이 끈질기게 지속됐고 영국인들의 가슴에 깊이 새겨진 덕분에 전제정부를 본능적으로 거부하는 태도가 그들의 진정한 애국심이 되었고, 자유를 사랑하는 마음까지 형성됐다. 이 자유의 사랑은 어떤 즉흥적 선택의 표현이 아니라 전통과 관습의 창조물이다. 따라서 정치 질서의 진정한 근원은 시민들 사이의 계약이 아니라 관습법이라는 오래 축적된 관점이다.

블랙스톤의 개념들은 몇 세기 동안 영향력을 발휘했다. 그리고 그의 관습법 옹호는 우리 시대 프리드리히 폰 하이에크가 이어받아 발전시켰다(아래 5장을 보라). 블랙스톤은 18세기와 19세기를 통해 부상한 영어권 보수주의가 무엇을 의미하는지 정의했다. 천하 만민 누구에게도 적용 가능하도록 고안된 정치적 정통성이라는 추상적 개념이 아니라 특정한 나라의 국민과 제도들의 구체적 계승에 초점을 맞춘 의심이 많고 경험에 근거한 보수주의였다. 동시에 그는 자연법 이론을 신학이라는 성층권에서 영국 관습법의 법정으로 끌고 내려와 실증적이고 역사적인 내용으로 그려냈다. 그는 자연법의 수석 재판관이었다.

홉스와 해링톤은 영국 내전 기간에 저술활동을 했다. 그 당시 의견은 의회파와 왕당파로 철저하게 갈렸다. 이 갈등의 기간에 정부 안에서 왕당파를 진작시킨 전통주의자와 충성파의 정서를 나타내려고 '토리(Tory)'라는 용어가 발명되었다. (그 용어는 아일랜드어 추적자(tóraighe)에서 왔으며 영국인 정착민들을 괴롭히고 공격하는, 추방된 아일랜드인을 가리키는 말이었다.) 1688년의 명예혁명에 이어 그 용어는 영국의 기존 관습과 제도들-특히 영국 군주제와 성공회 교회-에 애착을 보이며, 정통성은 개인의 선택이 창조하지 않고 계승으로 주어진다고 본 정치인과 사상가들을 나타내는 일반적인 표현으로 등장했다.

토리즘은 철학이라기보다는 정치적 실천이었다. 자유주의적 개혁의 옹호가 아니라 왕관에의 충성과 전통을 더 높이 샀다. 자유주의적 개혁들이란 군주의 권력을 빼앗아 근대화된 귀족들(의회의 '휘그' 당파)에게 분배하겠다는 목표를 앞세워 추진됐다. (그 용어는 스코틀랜드의 '소떼 몰이꾼(whiggamor)'에서 왔으며 휘그에 반대하는 사람들이 조롱조로 사용했다. 마치 토리라는 용어를 반대파가 조롱조로 사용했듯이 말이다.) 비록 19세기 정당들의 결성과 함께 토리는 보수당이 되고 휘그(Whig)는 자유당이 되었지만, 명예혁명 이후 휘그는 백년가량 승승장구했다. 의회의 파벌들 사이에는 이렇게 견고하고 굳은 이념적 분열이 있었다. (영국의 가장 위대한 보수 사상가 에드먼드 버크는 의회 내 휘그 소속이었다.)

어째서 18세기 영국의 정치가 휘그와 토리의 분열로 고착됐는지, 그리고 그 분열이 그에 앞선 세기에 발생한 종교적이고 사회적인 갈등에 어떻게 연결됐는지는 이 책의 관심사를 넘어서는 거대한 역사적 질문이다. '토리'라는 용어가 18세기엔 처음 가톨릭과 스튜어트 왕조의 동조자들을 비난하려고 사용됐지만 시간이 가면서 시민적 질서를 어지럽힐지 모르는 저항보다 왕관에의 충성이 더 중요하다고 생각하는 모든 사람을 지칭하는 말이 되었다. 이런 점에서 그 용어는 미국 혁명기에도 미국의 독립을 지지한 '반란' 세력에 맞서 왕에의 충성을 옹호한 사람들을 묘사하는 표현으로 사용됐다.

지적인 영국 보수주의의 출발은 명시적으로나 묵시적으로 토리 진영에 속한 지식인 저자들의 책에서 발견된다. 우리의 관점에서 가장 흥미로운 두 사람은 스코틀랜드 철학자 데이비드 흄(David Hume, 1711~1776)과 영국의 시인이자 비평가인 사무엘 존슨(Samuel

Johnson, 1709~1784)이다. 여기서 그들의 관점을 간략하게 소개하며 이 장을 마무리하려고 한다. 이 두 사상가 누구도 당시 부상하던 개인주의 철학에 이견을 달지는 않았다. 두 사람 모두 문명화된 질서의 목적과 기초는 자유라고 보았다. 그러나 두 사람 모두 사회 계약이라는 자유주의적 개념과 그들의 동년배였던 장 자크 루소와 그 추종자들의 주장을 믿지는 않았다. 자연 상태와 그곳에서 산다는 '고귀한 야만인(noble savage)'들이란 얘기를 터무니없다고 생각했기 때문이다.

흄은 그 자신을 토리라고 자임했다. 그러나 영국 성공회 교회의 강령을 추종한다거나 당시 전혀 영국인이 아니었던 영국 왕들의 왕권신수설을 믿는다는 의미는 아니었다. 그는 거의 확실하게 무신론자였으나, 이미 확립된 교회와 군주제를 믿었다. 정확히 말하자면 교회와 군주제는 이미 확립돼 있었고, 그 구조와 역사에 사회적 갈등의 해결방안과 그 실행에 필요한 암묵적 가르침이 담겨 있었기 때문이다.

흄의 정치 철학은 그의 사후 발행된 6권짜리 에세이 모음집 《영국의 역사(History of England, 1744)》에 나타난다. 그러나 이 모음집에는 오늘 날 그를 유명하게 만든 지식의 경험 이론이 더 잘 묘사돼 있다. 그의 정치 철학은 오히려 단편적으로만 나타난다. 그는 사회계약이론을 비판했다. 사람들이 자발적으로 어느 정부의 관할구역 안에 머무는 이유를 로크는 '암묵적 동의' 때문이라고 말했다.

그러나 흄은 로크의 그 개념이 신화에 지나지 않는다고 주장했다. 모든 사람들은 불가피하게 문화적, 언어적, 습관적 연결고리에 묶여 있다. 때문에 특정한 장소의 정부가 어떤 형태일지라도 사람들은 그들이 이미 상주하던 곳에 그대로 남아 있도록 제약된다는 뜻이었다. 그는 정치 질서를 확보하려면 대중의 동의가 중요하다고 인식했다. 그럼에도 동의가 정통성의 기초는 아니라고 여겼다. 차라리 동의는 정통성이 중요하다는 믿음에 보인 하나의 사후적 대응(response)일 뿐이라고 믿었다. 어떤 형태든 정치적 의무나, 정통성이란 개념이 유일하게 의지하는 그 진정한 기초는 효용성이라고 그는 주장했다. 정치적 의무를 수용함에서 오는 혜택 말고 그 의무를 정당화할 방법은 없다고 그는 설명했다.

흄은 '도덕' 과학이라는 정치학은 인간의 본성을 연구하면 추론되고, 우리 정서의 진정한 구조를 파악하면 모든 논란은 해소된다고 믿었다. 그는 박애와 연민(benevolence and sympathy)이 정치 질서를 창조하는 주요한 정서라고 규정했으며, 정의라는 개념도 궁극적으로 그런 정서에서 온다고 간주했다. 이미 여기서 우리는 보게 된다. 이성을 행사해 정치적 의무를 수립한다는 계몽시대의 구상에 보이는 흄의 반응이 어떠했을지 말이다. 그는 모든 중요한 문제에서, 특히 우리의 사회적 존재가 의지하는 모든 사안에서 결정적 동기를 제공하는 주체는 관습이지 이성이 아니라고 판단한다.

정의가 개인의 권리를 수립하고 옹호하라고 요구한다고 흄은 생각했다. 그 중에서 가장 주요한 개인의 권리는 사유재산권이다. 그 재산권에 흄은 고전적인 공리적 정당성을 부여한다. 그는 '명예혁명'과 그 이후에 등장한 영국의 헌정체제와 그에 연계된 자유들을 철두철미 옹호했다. 비록 그러한 자유들이 쉽게 보장된다거나 그런 자유들을 다 담아낼 하나의 논리적 틀이 있다고는 전혀 믿지 않았더라도, 그는 개인적으로 대영제국에 잘 구현된 대로 공화정과 군주제가 혼합된 형태를 선호했으며 그곳에선 왕권과 귀족세력이란 두 가지 힘이 서로를 견제하고 제한한다고 생각했다.

흄 정치사상의 비체계적 특성은 그의 실증주의적 철학을 반영한다. 그는 추상적 주장에 회의적이었고 인간 지식의 한계를 절감했다. 따라서 평화 공존의 길로 우리를 인도하는 관습의 효용성을 언제나 중요하게 여겼다. 반면 자유주의자의 거대 담론들은 개인의 자유가 절대적 가치로 고양되어야 한다고 주장한다. 오래 지속된 모든 타협을 희생시켜서라도 개인의 자유는 지켜져야 한다고 했다. 그러나 흄은 이런 개념들도 부인되어야 한다고 믿었다. 그러한 추상적 개념들은 때때로 인간 사회를 휩쓸고 지나며 그 뒤에 죽음과 파괴만 남겼던 여러 열정들의 최신판에 지나지 않을 뿐이기 때문이다. 계승된 책임감에서 인간을 해방시킨다는 제 아무리 의기양양하고 감동적인 개념이라도 사람들이 따르고 받아들인 관습 위에 수립된 질서보다 못하다는 게 역사의 교훈이라고 흄은 생각한다. 현대까지 관통하는 토리즘 (Toryism)의 정수라 할 이 사상을 흄은 더 이상 자세하게 옹호하지는 않았다. 그러나 그의 사상은 프랑스 혁명 이후 버크가 보수주의를 철학적으로 뒷받침하려 했을 때 그 핵심적인 요소가 되었다.

한편 철학이라기보다 하나의 태도였던 토리즘의 실체는 흄의 동시대인이었던 사무엘 존슨이 언제나 잘 보여준다. 그는 옥스퍼드 대학이 (그의 위대한 저작 《영어 사전(Dictionary of the English Language, 1755)》을 인정해) 명예 학위를 주었기 때문에 존슨 박사라고도 불린다. 그는 정치 철학자가 아니다. 해링턴이나 로크의 글에서 나타났던 자유와 제도들을 언급한 적도 없다. 그러나 영국이라는 나라의 문화에서 독보적인 지적 존재감을 유지했다. 수많은 영어권 보수주의자들에게 존슨 박사는 '법으로 수립된 것들'에 뿌리 깊은 충성심을 지닌 사람들의 대표자이자, 그런 충성심을 설명하는 관념적 주장들을 대체하는 인물이었다. 존슨은 곧 그가 믿는 대로 살아간 사람이다. 그는 미학적 가치에의 깊은 존경심과 건전한 일탈(eccentric)이란 태도를 하나로 묶은 굳건한 도덕의식의 본보기였다. 존슨은 일상의 삶에서 신의 존재를 인정하는 방식으로 사람들을 하나로 통합한 기성 교회가 정치질서의 핵심이라고 여겼다. 관용은 비국교도나 믿지 않는 사람들에게도 베풀어져야 한다. 그러나 정론을 희생해서는 안 된다. 존슨은 시(詩)도 정치적 삶에서 핵심적 요소라고 생각했다. 시의 목표 역시 정론(orthodoxy)이었다. 정론이란 도덕적 진실들의 정확한 표현으로, 시를 만들어내는 언어의 형성은 그런 진실이 이해되도록, 또 문학이라는 문화를 공유한 사람들이 그 진실에 입각해 행동하도록 해야 한다.

제임스 보스웰(James Boswell)이 그의 책《사무엘 존슨의 삶(Life of Samuel Johnson, 1791)》에서 손에 잡힐 듯 묘사한 존슨의 특이한 습관들은 정론을 옹호하는 그의 모습을 더욱 인상적으로 만들었다. 올바른 의견, 정확한 대응, 상식적인 정서를 찾으려는 노력은 뚜렛 증후군(Tourette's syndrome)으로 고통 받던 존슨의 세계에선 최상의 자유를 표현하는 일이었다. 그는 건방지고, 동정적이고, 분노하고, 후회에 가득 찬 모습들까지 모두 보였다. 그러나 어떤 경우에서도 자신의 존재에 따르는 고양된 책임감으로 삶을 살아갔다. 존슨에게 자유란 의무로부터의 도피가 아니라 의식적으로 선택했든 아니든 그 의무에 복종하라는 소명이었다. 수줍은 순응이기보다 깊은 복종의 증표로 독립성과 건전한 일탈(eccentricity)을 높이 사는 그것이 토리(Tory)의 태도였다. 이는 오늘날까지 영국 보수주의의 핵심으로 남아 있다.

이 장에서 내가 언급한 사상가들은 현대 보수주의가 탄생되기 이전에 속한다. 종교가 지배했던 중세 이후 등장한 정치의 새로운 영역을 자유주의자와 보수주의자가 서로 나누기 시작했던 그때다. 이미 말했듯이 자유주의자와 보수주의자는 개인의 자유를 정치의 궁극적 가치로 수용하는 데는 서로 의견이 일치했다. 그러나 전통적 제도들을 바라보는 관점에서는 차이가 있었다. 자유주의자들은 정치질서가 개인의 자유에서 비롯된다고 보았다. 반면 보수주의자는 정치질서가 있어야 개인의 자유가 가능해진다고 보았다. 무엇이 정치 질서를 정당하게 만드는가. 보수주의자는 그 정치 질서를 만들어낸 자유로운 선택들이 아니라, 정치 질서가 만들어낸 자유로운 선택이라고 보았다. 자유와 질서 어느 쪽이 선행하느냐는 질문으로 지난 200년간 자유주의자와 보수주의자가 나뉘었다. 그러나 곧이어 새로운 위협들이 양자를 하나로 묶었다. 물론 현대 국가의 성장은 그러한 위협이 전혀 아니었다.

2장

철학적 보수주의의 탄생

보수주의는 그 자체만의 어떤 강령이나 철학으로 태어나지 않았다. 우리가 이미 보았듯이 자유주의 안에서 벌어진 일종의 머뭇거림으로 잉태됐다. 18세기 들어 국민주권을 요구하는 목소리가 힘을 얻기 시작했다. 그 목소리는 처음엔 미국 혁명으로 그리고 나중엔 프랑스 혁명으로 폭발했다. 그런 과정을 거치며 보수적 머뭇거림은 이론과 정책으로 명료해져갔다. 촉발, 전개과정, 그리고 그 결과에서 미국 혁명과 프랑스 혁명 사이엔 차이가 있다. 낭만적 개인주의, 또 구질서를 끌어내리고 모조리 혁신해버리겠다는 욕망이 프랑스 혁명가들에게 영감을 주었다. 반면 미국의 사례에서는 보수적 사고방식이 더 큰 영향력을 미쳤다. 주요 인물로는 1776년 독립선언서의 초안을 잡고 자신의 저작 《버지니아 주에 관한 노트(Notes on the State of Virginia, 1784)》에서 1788년 미국 헌법의 이론적 기초를 밝힌 토머스 제퍼슨(Thomas Jefferson 1743~1826)이 있다.

제퍼슨은 미국 독립을 영국 왕실의 불법 행위에 맞서 법률 질서의 계속성을 확보하려는 차원으로 보았다는 점에서 블랙스톤과 유사한 보수주의자였다. 제퍼슨의 친구 조지 메이슨(George Mason)이 초안을 잡은 버지니아 권리 선언(The Virginia Declaration of Rights, 1776)은 관습법에서 추출됐고 그에 일치하는 일련의 권리들을 담았다. 이어 프랑스 혁명을 관찰한 제퍼슨은 비록 보편적으로 유효한 인권이 있다 하더라도 정부 형태는 특정한 사회의 조건에 맞춰져야지 추상적 개념의 논리로 강제되지 말아야 한다고 확신하게 됐다. 따라서 철학적 주장보다는 관습법이 인간의 권리를 규정하는 더 바람직한 지침이 되리라 생각했다. 제퍼슨은 또한 개인들뿐 아니라 각 세대들에게도 주어진 권리가 있다고 믿었다. 따라서 헌법이라도 미래의 세대들에 무작정 강요되지 말아야 한다고 생각했다. 권리장전이 미국 헌법의 수정안으로 채택된 데는 그의 영향이 컸다. 성공적인 헌정수립의 필요조건으로 계속성과 관습에 매달렸고, 정치권력의 중앙 집중화를 경고했기 때문에 제퍼슨은 보수주의 역사에서 중요한 인물이다.[10] 그는 각 주(州)가 지방 정부로서 필요한 권력을 유지해야 하며 연방 권력은 주권 국가를 유지하는데

10 러셀 커크를 비롯해 상당수 미국의 정치 철학자들은 이 책의 저자와 달리 존 로크의 영향을 받은 제퍼슨이 프랑스 혁명을 지지했던 자유주의자였으며, 전통이나 관습보다는 이성과 합리주의를 앞세운 인물이라고 평가한다. 예컨대 제퍼슨이 초안을 잡았다고 알려진 미국의 독립선언문은 모든 인간이 평등하게 태어났으며 양도할 수 없는 권리를 창조주에게서 부여받았다고 선언했다. 아울러 미국 헌법이 제정될 때 제퍼슨은 프랑스에 있었고, 프랑스 혁명이 실패하기보다 세계의 절반이 폐허가 되길 원한다고 발언했으며 프랑스 혁명이 종교에 앞서 이성을 앞세웠듯이 정치와 종교의 철저한 분리를 주장했다.

필요한 최소한의 수준에 머물러야 한다고 믿었다. 비록 로크, 해링턴, 그리고 몽테스키외 등 고전적 자유주의 철학의 인도를 받았지만 제퍼슨은 사회적 소속감도 자유의 일부가 되어야 한다고 믿었다. 그는 농장과 정착 공동체가 번성하는 미국을 희망했으며 그곳에선 농업적 가치들이 합당하게 존중되고 문명화된 원칙에 따라 마을과 제도들이 건설되기를 원했다. 그 자신의 농장인 몬티첼로(Monticello)와 그가 샬롯츠빌(Charlottesville)에 세운 버지니아 대학에서 제퍼슨은 현실에서 작동하는 보수주의의 모범을 수립했다. 고전적 건축방식과 함께, 새로운 나라가 유럽의 옛 질서와 함께 계속된다고 강조하는 전통적 교과과정을 채택했기 때문이다. 그 자신이 초안에 도움을 준 미국 헌법이 형태상으로는 민주적이었지만 과거 세대의 의견을 반영하는 관습도 필요하다고 제퍼슨은 믿었다. 그는 그 관습들이 미국인 모두가 이 땅에 느끼는 애착의 일부라 여겼다.

물론 제퍼슨이 옹호했던 당시 농촌의 삶에는 심각한 도덕적 결함이 있었다. 그는 자신의 저작에서 노예제를 옹호하지는 않았지만 자신의 삶에서는 노예제를 활용했다. 그럼에도 그가 강조했던 땅과 그곳에 정착한 사람들의 노력은 이후 2백 여 년 간 미국 보수주의를 지배한 주제였다.

그 주제는 미국의 '고전적' 자유주의자들과 그에 맞섰던 보수세력의 분열이 확대되어가는 출발점이기도 했다. 자유주의자의 후

계자들은 시장 경제, 제조업, 자유교역을 강조하는 방향으로 금세 옮겨갔다. 그들에게 도시는 정착지가 아니라 생산과 교환의 중심지였다. 가장 중요한 관심사로 효율성, 유동성(mobility), 그리고 경제 성장이란 가치들이 급부상했다. 당대의 상황에서 그들이 주목한 농업은 일종의 사업이었으며- 농업 사업(agribusiness)- 다른 모든 산업 방식과 마찬가지로 농업이 생존하려면 더욱 대형화해야 한다고 생각했다. 이런 방식으로 '자유 시장'을 추구하던 미국 정치의 흐름은 국토의 모습까지 파괴시켜갔다. 이와 대조적으로 보수주의자들은 대개 '하느님 아래 하나의 나라(one nation under God)'로 통합된 정착 공동체를 구축하는 한편 땅과 가정을 중시하며 도시를 문명의 중심으로 건설하겠다는 그런 견해를 지녔다. 그들에게 이상적인 미국의 전형적인 모습은 헨리 제임스(Henry James)[11]가 그려낸 찰스턴(Charleston)이나 옛 뉴욕, 그리고 보스턴 같은 아름다운 정착촌들이었다. 미학적 가치보다 공리주의적 가치를 우위에 둔 자유주의적 추세 덕분에 그런 위대한 도시들은 파괴되고 말았다고 해야 할 만큼 추악해졌다. 그럼에도 집산주의 국가에 맞서 시장의 힘을 앞세우는 사람들과 농촌의 문명을 옹호하는 제퍼슨 같은 사람들 사이의 분열은 아직도 미국 보수 정치 사이에 존재한다.(5장을 보라)

이런 맥락에서 《연방주의자 논집(The Federalist Papers)》의 중

11 1843~1916, 미국 뉴욕에서 태어나 보스턴에서도 살았던 소설가.1915년 영국으로 귀화. 사실주의 소설가로 옛 미국의 모습을 아름답게 그려냈다고 한다.

요성을 주목해야 한다. 알렉산더 해밀턴(Alexander Hamilton), 제임스 매디슨(James Madison), 존 제이(John Jay)라는 세 사람이 집필한 85 개의 수필을 푸블리우스(Publius)[12]라는 필명으로 묶어 출판한 책이다. 1787년에서 1788년까지 진행된 미국 헌법의 비준절차를 도우려는 목적이었다. 광범위한 주제를 다루었지만 두드러지게 실제적 관점에서 집필된 글이다. 로크, 해링턴, 몽테스키외를 비롯해 여러 사람에게서 긁어모은 순수하게 자유주의적 강령을 토대로 했다. 그러나 개별적으로 형성된 주(州)들이 하나의 연방으로 묶여가는 미국의 상황에 맞게 그 강령을 풀이했다. 《연방주의자 논집》이 오늘 날 자유주의적 시각의 선도적 진술들로 이해되지만[13], 그 글들은 미국 보수주의에도 중요한 기여를 했다. 왜냐하면 그 수필들이 중앙집권화된 정부에 맞서 개인의 자유를 보호하는 헌법적 안전장치가 무엇이냐고 묻는 질문을 제기했고, '주'의 권리를 대변하던 보수주의 운동에 그 근거를 제공했기 때문이다.

미 건국의 아버지들은 진지한 사람들이었다. 정치와 헌정을 다룬 사상에 두루 밝았으며 현대사의 가장 중요한 문서 하나를 창조해 냈다. 이는 정부의 권력들을 명시하고 그러한 권력만이 정부에 주어진 유일한 권력이라고 강조하는 헌법을 제공하겠다는 최초

12 로마시대 귀족과 평민들의 이름으로 Lucius, Gaius, Marcus에 이어 Quintus와 함께 네 번째나 다섯 번째로 가장 많이 사용됐다고 한다.

13 스크러턴과 달리 미국의 학자들은 대부분 《연방주의자 논집》을 미국 보수주의의 경전으로 이해한다. 반면 개인의 자유는 신성불가침하다고 외친 미국 독립선언서는 제퍼슨이 주도했으며 철저히 자유주의적 관점에서 쓰였다고 본다.

의 진정한 시도였다. 그들은 그런 사정을 명백히 밝히려고 나중에 권리 장전까지 추가했다. 이 문서가 오늘 날 정확하게 무엇을 의미하는지 나는 6장에서 따져보려 한다. 어떤 철학적 무게가 뒷받침을 하던 헌법은 법률 문서이지 철학적 진술은 아니다. 그리고 그 철학적 주장들은 대개 로크의 영향 아래 남아 있다.

계몽시대의 프랑스에서 사회과학들이 탄생했다. 그 과정에서 '중상주의자'와 '중농주의자'라는 경쟁적인 경제학파들이 부상했다. 프랑스에선 또한 여러 종교 그리고 토착민의 사회 조직들을 비교하는 연구들도 출판되었다. 디드로(Diderot)가 편집하고 달랑베르(d'Alembert)가 저술한 백과전서(Encyclopédie, 1751~1772)는 인간 공동체를 바라보는 새로운 사회학적 방법들을 담아냈다. 이 위대한 저작물은 종교, 전통, 귀족정치를 그 주요 비판 대상으로 삼은 계몽시대의 회의주의를 바탕으로 탄생했으며, 프랑스 혁명의 길을 여는 데 도움을 주었다. 반면 지적인 보수주의가 진정으로 처음 세상에 나오도록 해준 철학적 통찰력은 스코틀랜드의 계몽시대 사상가 아담 스미스(Adam Smith, 1723~1790)에게서 나왔다.

스미스는 자신이 쓴 글의 출판을 거의 하지 않았고 죽기 전에 집필한 원고 대부분을 없애버렸다. 그러나 그의 두 주요 출판물, 《도덕 감정론(The Theory of Moral Sentiments, 1759)》과 《국부론(The Wealth of Nations, 1776)》은 그의 또 달리 살아남은 책인, 《법학 강의(Lectures on Jurisprudence, 1762~1766)》와 더불어 보수적 시각의 핵심이 된 시민 사회 이론을 제시했다. 《도덕 감정론》은 인간 공동체의 기초가 '감정의 상호 공감'을 추구하는 사람들의 성향에 있다고 보았다. 그런 공감은 우리가 서로의 행동을 승인하거나 부정하면서 남들과 연대하려고 노력하는 과정에서 생겨난다. 이처럼 우리는 욕구로 움직이는 존재일 뿐 아니라 남들의 눈에 판단의 대상이 되는 객체로 우리 스스로를 의식한다. 따라서 우리는 불가피하게 외부의 시선으로, 다른 사람이 우리를 보듯 우리를 보며, 그들의 공감과 승인을 추구한다. 바로 이런 행위가 가장 위대한 사회적 선(善)이다. 또 이 때문에 인간 공동체에 속한 사람들은 가상의 '공정한 관찰자(impartial spectator)'에게 물어보는 습관을 갖게 된다. 우리 자신의 생각과 감정 그리고 행동을 평가하고 그 도덕적 가치를 판단하고자 하기 때문이다.

스미스는 수많은 사회적 감정을 세밀하게 관찰하고, 양심과 후회와 질책, 그리고 찬탄을 분석한 뒤 사람들이 타인에게 느끼는 책임감을 도덕적 삶의 핵심이라고 확인하면서 이 이론을 개발했다. 비록 그는 자유가 어떻게 확보되느냐는 정치적 질문에는 명시적으로 답하지 않았다. 그러나 자유로운 개인이 살아가는 사회의 기초는 이성이 아니라 공감하는 감정에 있다는 진실(그의 친구 데이비드 흄도 도덕 철학의 기초라고 간주했다.)을 전면에 내세웠다.

스미스는 정의를 소극적 미덕이라고 보았다. 상대를 물리적으로 해치지 않거나 타인의 정당한 소유권을 강탈하지 않으려는 성향이다. 정의라는 이 미덕은 질서가 제대로 잡힌 사회의 핵심적 기초다. 그러나 그 미덕을 지향하는 정서는 법이 지원해주어야 실질적 효과가 있을 만큼 취약하다. 《법학 강의》에서 스미스는 이 개념을 생각해냈다. 관습법의 권리들은 소극적 개념의 정의를 구현한 것이라고 그는 주장했다. 이러한 권리들은 우리의 사법적 의무로 보장된다. 그리고 법정의 주요 목적은 누가 어떻게 판단되어야 하는지 결정을 내려 우리의 행동에 책임을 부과하는 일이다.

스미스가 그려 보인 시민 사회의 모습은 요즘 보수주의자들의 관점에서도 근본적인 내용들이다. 시민 사회는 자유롭게 행동하는 개인들로 구성돼 있다. 이 사실만은 스미스도 수용한다. 그러나 자유는 책임을 포함하며, 그 자유의 기초는 공정한 판사의 관점에서 우리 자신이나 타인의 행위를 바라보도록 노력하게 만드는 공감의 정서다. 법이나 정부라는 제도들은 사람들에게 책임을 부과하고, 그런 제도들을 회피하거나 남용하지 못하게 하려고 존재한다. 물론 이런 관점은 자유주의자도 기꺼이 인정한다. 그러나 보수주의자의 시각에선 그 강조점의 차이가 매우 중요하다. 보수주의도 당연히 자유를 중시한다. 그러나 책임감 있는 시민을 만드는 제도와 태도에도 관심이 있다. 또한 자유가 모두에게 혜택이 되도록 보장하려 한다. 따라서 보수주의는 자유의 한계에도 주의를 기울인다. 바로 이 지점이 극단의 자유주의적 시각과 잠재적으로 갈등하는 대목이다. 극단적 자유주의자들은 자유의 가치를 무엇보다 소중히 여기며 자유의 행사에 한계를 두지 않으려 하기 때문이다. 바로 이 갈등이 요즘 우리가 직면한 주요 정치적 현안의 하나다.

비록 스미스는 《도덕 감정론》을 자신의 가장 중요한 저작으로 간주하고, 평생을 통해 계속 수정하고 덧붙였지만, 시장 경제를 철학적 원칙들의 관점에서 최초로 진지하게 옹호한 약칭 《국부론》, 또는 《국부의 형성과 본질에 관한 연구(Inquiry into the Nature and Causes of the Wealth of Nations)》로 더 유명하다. 국가의 힘은 보유한 부의 총량에 좌우되고 한 국가에게 최선의 정책은 국경 안에 가능한 많은 부를 보유해야 한다는 중상주의적 믿음을 스미스는 부정했다. 물질의 축적이라는 부의 정태적 관점은 경제적 가치의 진정한 본질을 드러내지 못한다고 봤기 때문이다. 경제의 본질은 교역을 통한 상품의 순환, 노동력의 사용과 투자에 달려 있다고 그는 생각했다.

스미스는 경제 개발의 원천이 노동력의 효율적 사용임을 알아본 최초의 사상가였다. 그는 경제적 진보의 진정한 원인은 노동의 분업에 있다고 생각했다. 그 분업 덕분에 사람들은 자신들의 능력을 생산의 한 항목에 집중하고, 그렇게 해서 만들어진 잉여분을 들고 나가 그들이 필요로 하는 다른 재화와 교환하는 일이 가능해지기 때문이다. 그러나 그는 생산 공정 내 노동의 '세분(detail division)'이 노동자들을 기계의 그림자로 만들어버릴 위험 또한 인지했다. 따라서 만약 산업 혁명의 이런 병증이 사회 복지를 보호하는 법률로 완화되지 않는다면 사회질서의 붕괴가 온다고 예견했다.

스미스는 시장 경제에 악마적 요소가 없지 않지만 균형을 찾아가는 자연적 성향도 있다고 믿었다. 시장에서 '모든 개인은 사용 가능한 자본의 가장 바람직한 활용방안을 찾으려 끊임없이 노력한다.' 개인적 이득을 얻겠다는 의도로 움직이지만, 상인이나, 근로자나, 자본가는 '보이지 않는 손에 이끌려 자신들이 의도하지 않은 목적인' 모든 사람의 복리 증진에 기여하게 된다. 비평가들은 시장 체제가 대규모 불평등을 만들어내기 때문에 그 자체로 정치 영역의 균형 가능성을 파괴할지 모른다고 지적한다. 그러나 그 비평도 스미스 주장의 핵심은 건드리지 못한다. 그 핵심은 인간 사회의 '보이지 않는 손'이라는 개념이다. 집단 문제의 해결책은 직접 의도되지 않을 때 가장 효과적이라는 생각이다. 이 주장은 결국 보수주의 철학의 핵심적 내용이었음이 증명됐다.

그 주장에 따르면 정상적인 사회 교류라는 조건에서 자기 이익에 충실한 개인들은 자유롭게 행동해도 사람들 모두에 이로운 결과를 증진하게 된다. 그들은 이런 결과를 의도하지 않았고, 계획은 더더욱 안했다. 그런 결과를 사전에 전혀 고려하지 않은 결정들의 의도치 않은 부산물일 뿐이다. 보이지 않는 손의 효과는 경제 영역에서만 관찰되지 않는다. 지역의 물자로 건설된 전통 마을의 아름다움은 가장 값싼 비용으로 내구성 있는 집을 지으려는 욕망의 의도하지 않은 부산물일 뿐이다. 국가 간의 평화도 각국 시민들이 벌인 교역의 의도하지 않은 부산물이다. 이렇게 일부러 추구하지는 않았지만 반복되는, 좋고 나쁜 결과들은 쌔고 쌨다. 그러나 스미스 주장의 요점엔 그 보다 더 깊은 의미가 있다. 그에게 보이지 않은 손이라는 작동방식은 시장을 설명하는 데 그치지 않는다. 그것은 시장을 정당화하는 근거(justification)이기도 하다. 시장에서 상품의 가격(혹은 '교환 가격')은 개인들의 자유로운 거래로 형성된다는 바로 그 사실 때문에 교역의 분명한 지침이 된다. 따라서 가격은 시장의 각 참여자가 다른 모든 사람의 욕구와 필요에 대응하게 해주는 사회적 지식의 응축물이다.

나아가 그 주장은 '위대한 사회(great society)[14]'에서 상품의 생산과 분배를 계획하는 사람들은 불가능을 달성하려 노력한다고 말하는 셈이다. 계획은 사람들의 자유로운 관계에 개입하기 마련이다. 따라서 경제적 조정을 비롯해 인간 자유의 정상적이며 의도하지 않은 결과들을 파괴하게 된다. 그러한 환경에서 계획은, 계획 자체의 성패가 달린 인간관계를 파괴할지 모른다.

오스트리아 학파 경제학자들이 길게 확장시킨(5장을 보라) 스미스의 그 주장은 현대로 넘어오며 보수적 목소리를 부활시키는

14 1964년 미 민주당 대통령 후보였던 린든 B 존슨이 내세운 빈곤타파 빈부격차 해소 등의 국내정책이 지향하는 사회를 지칭하는 용어로 처음 등장했다. 저자는 이를 사회주의 국가나 계획 경제의 이룰 수 없는 꿈을 비웃는 용어로, 때로는 현대적인 공화국을 가리키는 용어로도 사용했다.

과정에서 핵심적 역할을 담당했다. 집단의 시급한 문제는 개인 간의 자유로운 결사인 시민사회가 해결해주지, 국가가 해결해주지 않는다는 주장이기 때문이다. 위대한 사회가 성공하려면 개인의 자유가 필요할뿐 국가의 통제는 필요 없다.

이런 반론도 있다. 시장은 언제나 해결책을 주지 않는다. 시장에만 맡겨지면 시장 자체가 의지하는 조건들 자체를 훼손한다. 시장이 포식자, 사기꾼, 독점가를 우대하는 한편, 인간관계를 포함해 무엇이든 팔아버리려는 사람들을 부추기기 때문이라는 이유다. 그러나 이는 스미스의 '보이지 않는 손'을 반박하는 주장이 아니다. 차라리 그가 《도덕 감정론》에서 전체적으로 설득하려 했던 주장을 인정하는 지적이다. 말하자면 정상적인 조건들 아래에서 사람들은 서로의 행동에 공감하며 반응한다. 또한 스스로 책임감 있게 행동하고 내가 남에게 해주길 원하는 그런 호의적인 판단을 남에게서 얻으려 추구한다. 시장 경제는 공개적으로 또 합의로 거래를 달성하려는 정직한 사람들을 상정한다. 따라서 시장은 공감이라는 우리가 공유한 토대에서 만들어지는 도덕적이고 법률적 구조로 뒷받침되어야 한다. 그렇지 않으면 사기, 협잡 그리고 악용에서 오는 시장의 교란을 막지 못한다.

이 모든 이야기들은 18 세기 영국의 또 다른 위대한 보수주의자를 살펴보면 더 분명해진다. 누구와도 비교 불가한 에드먼드 버크는 의원과 정치가였기에 그가 펴낸 글과 소책자들에는 특별한 설득력이 있었다. 그는 국민 주권이라는 도전에 단호하게 맞서려 했다. 특히 프랑스 혁명에서 그는 국민 주권의 병적인 발현을 목도했다. 1783년에 끝난 미국 혁명은 1787년의 필라델피아 제헌회의로 이어지고 이곳에서 이후 미합중국 통치에 활용된 자유주의 헌법이 만들어졌다. 1789년에 시작된 프랑스 혁명은 처음 미국 혁명을 흉내내려했다. 그래서 새로 형성된 국민의회(Assemblée Nationale)는 '인간과 시민의 권리 선언'을 채택했다. 자유주의적 자유의 옹호라는 차원에선 흠잡을 데 없는 문서였다. 이 문서는 미국 혁명에서도 중요한 역할을 담당한 제퍼슨의 친구 라파예트(Lafayette)후작이 초안을 마련했다. 미국 헌법과 마찬가지로 프랑스의 새로운 정치 질서에 그와 똑같은 기초를 부여하려는 의도였다.

그러나 두 문서엔 중요한 차이점이 있었다. 미국의 헌법, 그리고 제임스 매디슨과 제퍼슨의 영향아래 추가된 권리장전은 뚜렷하게 관습법의 관할아래 있었다. 그리고 이에 서명한 모든 사람들은 이 문서들이 관습법으로 발견됐고 정제된, 사람들의 오래된 권리와 특권을 보호하려는 시도로 이해했다. 다른 말로 미국의 헌법은 영국 왕실이 부당하게 미국인들에게 세금을 부과하기 전에 이미 누려왔던 권리들을 보장하려고 만들어졌다. 그것은 이미 수립된 관행의 잔재였지 새로운 질서를 만들어내려는 요리법이 아니었다.

반면 프랑스의 선언은 철학적 성찰의 산물이었다. 과거 그곳에 명시적으로 존재하지 않았던 개념을 정치에 억지로 써넣으려는 시도였다. 미국의 사례와 더불어 철학자들의 추상적 주장에 근거를 둔 문서였다. 특히 그 문서는 정부 제도들을 전혀 고려하지 않았다. 시민과 인간의 권리를 법정을 통해 보호하려 할 때 필요한 절차도 전혀 언급하지 않았다. 그것은 루소의 선험적 정신이 깃든 철학 작품이었다. 그의 '일반 의지' 이론은 권리선언 6조에 명시적으로 인용됐다. 루소는 인간과 인간의 불완전성이 자신의 이상인 자유의 청렴한 질서로 가는 길에 언제나 장애가 된다고 생각했다. 더욱이 국민의회는 권리선언을 채택하면서 '적극적'이고 '소극적'인 시민을 구분했다. 선언은 소수인 적극적인 시민을 명시적으로 보호했다. 그러나 거대 다수인 후자(여성, 농부, 노예, 무산 계급)의 권리는 그들을 돌보는 적극적 시민에 의해 간접적으로만 보호된다.

누구도 에드먼드 버크만큼 그 권리선언의 결점을 명확하게 파악하지 못했다. 프랑스 혁명이 시작됐던 해에 쓰인《프랑스혁명에 관한 고찰(Reflections on the Recent Revolution in France, 1790)》은 그가 얼마나 문제의 본질을 꿰뚫어보고, 어떻게 사태가 전개될지 정확하게 예견하는 능력을 지녔는지 말해주는 놀라운 사례다. 버크가 집필했을 때는 아직 프랑스 왕이 처형되거나 공포정치가 시작되기 전이었다. 그럼에도 그는 그 두 사태를 예견하고 프랑스 혁명의 주요 결점으로 본 바로 그 측면을 경고했다. 미국 혁명(버크는 이를 옹호했다)과 비교했을 때 프랑스 혁명은 위에서 아래로, '지식인 도당(literary cabal)'들에 의해 국민들에게 강요됐을 뿐이다. 이에 맞서 버크는 그런 종류의 '기하학적'(즉 추상적이고 연역적인) 정치학의 파괴적 본질을 진단하는 시각에서, 복잡하고 체계적이지는 않았지만 관습, 전통, 시민적 연대 등을 대단히 생생하게 묘사했다.

버크는 자유가 언제나 위험에 빠지기 때문에 법으로 보호되어야 한다고 인식했다. 따라서 현대사회는 반드시 정치적으로, 정부에 의해 조직되어야 한다는 생각도 명징했다. 이 때 정부란 종교, 부족, 그리고 가족과도 어느 정도 독립적이어야 한다. 다만 집단적 지혜의 형태라는 관점에서는 종교와 가족을 옹호했다. 반면 합리적이고 자유로운 선택의 행사가 무엇보다 중요하다는 극단의 개인주의는 거부했다. 사회적 소속감이 담당하는 필수불가결한 부분을 그 개인주의가 인정하지 않으려 했기 때문이다. 버크는 국민주권을 가능하게 만드는 사회적 유산을 세밀하고 섬세(detailed and subtle)하게 옹호했고, 모든 안정된 법률과 제도들을 국민의 이름으로 파괴해 버리려는 지식인들에 저항했다.

버크는 현재 살아 있는 사람들의 합의로 이뤄진 사회 계약이라는 자유주의 사상을 거부했다. 그는 사회가 지금 살아 있는 사람들로만 구성돼 있지는 않다고 주장했다. 그에게 사회는 죽은 사람, 살아 있는 사람, 아직 태어나지 않는 사람들이 모두 함께 참여하는 결사체다. 사회를 유지하는 원칙은 계약이라기보다는 신탁을 받은 사람의 의무(trusteeship)에 더 가까운 무엇이다. 사회는 우리가 공유하는 유산이다. 우리는 그 사회를 위해 우리의 요구에 한계를 설정하고, 우리는 단지 사회라는 그 무언가를 받아서 다음 세대로 전달해주는 끊임없이 이어진 연결 고리와 같은 존재임을 깨달아야 한다. 우리가 물려받은 훌륭한 그 무엇은 우리가 멋대로 훼손해도 되는 우리의 소유물이 아니다. 잘 보존해 후세에게 제대로 넘겨주어야 한다. 손에 든 이 무엇을 우리에게 전해준 사람들과 연결된 의무감의 고리가 우리에게 걸려있다. 우리는 그 고리의 연장선에서 미래를 걱정해야 한다. 우리가 공동체의 미래를 걱정하는 이유는 비용 대비 혜택(benefit)이라는 가상의 계산을 했기 때문이 아니다. 그 보다는 더 구체적으로 공동체의 혜택을 계승해서 후세에 전달해주는 존재가 바로 우리라는 관점에서 공동체의 미래를 걱정한다. 미래의 세대를 걱정하는 마음은 감사의 마음에서 자연적으로 발생한다. 그런 마음은 무언가를 계산하지 않는다. 왜냐하면 계산하지 말아야하고 계산할 수도 없기 때문이다.

버크는 혁명가들이 스스로 만든 비상 상황을 이유로 그들에게 주어진 모든 신탁과 유산을 멋대로 소비해버릴 권리가 있다고 가정하는 태도를 못마땅하게 생각한다. 망자들이 후세의 복리를 생각해 설립한 학교, 교회 재단, 병원들을 몰수하고 파괴하면 그 결과는 축적된 저축의 완전한 낭비일 뿐이다. 아울러 대규모 인플레이션이나, 교육의 붕괴, 전통적인 사회 구호(救護)와 의료 구호 기관의 상실 등으로 이어지고 만다. 이런 식으로 죽은 자에의 모독은 아직 태어나지 않은 사람들의 특권을 박탈하는 길로 이어진다. 비록 이런 결과가 반드시 불가피했다고 단정하지는 못해도 이어진 모든 혁명에서 거듭거듭 되풀이 됐다. 혁명들은 과거에 저축을 해 둔 사람들의 의도와 감정을 모독하는 방법으로 사회적 자본의 축적을 체계적으로 파괴했다. 그러면서 혁명가들은 언제나 흠잡을 데 없는 공리적 추론으로 이를 정당화했다. 급진적 개인주의자들은 그 자신만의 사회적 자본 없이 세계에 등장하며 그들의 눈에 띈 사회적 자본을 전부 써버린다.

신탁을 받은 사람의 의무(trusteeship)라는 개념 못지않게 '소집단(little platoon)'이란 개념도 버크에겐 중요했다. 그는 사회의 토대는 애착과 신뢰의 관계에 있으며, 이런 관계들은 오직 얼굴을 맞댄 교류를 통해 바닥에서부터 상향식으로 성립된다고 믿었다. 사람들이 자유로운 존재로 교류하면서 그 행동에 책임을 지고 이웃의 신뢰에 보답하는 법을 배우는 가정, 지역 친목 단체나 모임, 학교, 교회, 동호회, 뜻을 같이하는 무리, 대학 등에서 바로 그런 관계가 형성된다. 사회가 하향식의 혁명적 독재 정부나, 불가사의한 관료제의 기계적 명령에 따라 위에서 아래로 조직되어 버리면, 정치 질서와 사회 속에서 마땅히 존재해야 할 구성원들의 책임감은 급속하게 사라져 버린다.

하향식 정부는 무책임한 개인들을 길러낸다. 또 국가가 시민사회를 몰수하면 자율적으로 행동하지 않으려는 의식이 시민들 사이에 넓게 확산된다. 프랑스 혁명가들이 시작한 징집된 사람들의 사회(society of conscripts)에 맞서, 버크는 자발적으로 행동하는 사람들의 사회(society of volunteers)를 제안하고 싶어 했다. 이는 버크와 그를 뒤이은 모든 보수주의자들도 마찬가지였다. 그들에게는 국가가 아니라 시민 사회가 사회 질서와 권위의 진정한 근원이었다. 이의 철학적 의미는 헤겔이 충분히 설명했다. (다음 장을 보라)

'소집단'들에서 전통이 형성된다. 사회적 전통들은 지식의 형태라고 버크는 지적했다. 전통들은 시행착오 끝에 남은 잔유물이며 우리 모두가 직면하는 문제들의 계승된 해결책들이다. 문명에 앞서 존재했던 인식 능력들처럼 전통들은 **적응**의 산물이며 개별 유기체가 아니라 공동체의 적응을 통해 만들어졌다. 사회적 전통이란 그로 인해 사회적 번영이 가능했기 때문에 존재한다. 그걸 부주의하게 파괴한다면 한 세대가 다음 세대로 전해준 안전장치를 제거하는 셈이다.

버크의 이런 주장은 아담 스미스가 제시하고 150 년 후 오스트리아 경제학자들이 충분히 설명한 시장 경제 옹호론과 병행한다.(5장을 보라) 개인 참여자가 자신의 예산을 합리적으로 소비하게 해주는 정보는 오직 자유시장에만 존재한다고 미제스(Mises)[15]와 하이에크(Hayek)가 주장했다. 오직 시장 경제 체제의 가격들만이 다른 사람들의 경제적 필요를 안내해주는 지침을 제공한다. 가격은 현재 수없이 많이 살아가는 타인들의 정보를 정리해준다.[4] 비슷한

15 Ludwig von Mises, 1881~1973 오스트리아 태생이나 미국에서 사망한 경제학자이자 철학자다.

방법으로 버크에겐 전통과 관습들이 앞서 살아온 수없이 많은 조상들의 정보를 정리해준다. 지금 없는 과거와 미래 세대들의 필요에 맞게 우리의 행동을 조율하려면 우리에게 반드시 필요한 정보를 말이다.

더욱이 전통을 논의할 때 우리는 임의의 규칙이나 당대에 널리 통용되는 지혜를 말하지 않는다. 우리는 지속적인 **질문**들 덕분에 발견되어진 **답**을 이야기할 뿐이다. 이러한 답들은 암묵적이고 공유됐으며 우리의 사회적 관행들과 막연한 기대들에 구체화돼있다. 그런 전통을 채택하는 사람들이라고 해서 그 전통을 설명할 능력이 꼭 있지도 않고 정당화할 능력은 더더욱 없다. 버크는 그 전통들을 '선입견(prejudices)'이라 묘사한다. 따라서 개인에게 축적된 이성의 총량은 작지만 우리가 의심하거나 거부하기 힘들 만큼 축적된 이성이 사회에 있다는 근거로 그 전통을 옹호한다.

이성은 따라서 우리가 판단하지 않거나 판단하지 못할 문제에서도 스스로를 드러낸다. 우리의 전통에서 나타나는 본질적으로 희생이 포함된 내용들, 예컨대 군인의 명예, 가족 단위의 기부, 신에의 경배 등에서 드러나는 이성이다. 버크는 덧붙이길 '선입견엔 그 이성과 함께 그 이성을 작동하게 하려는 동기가 있고, 선입견에 계속성을 부여하려는 애착이 있다. 선입견은 비상 상황에서 손쉽게 적용이 가능하다. 선입견은 일찍이 우리의 정신을 지혜와 미덕이라는 확고한 과정에 끌어들였기에, 사람들이 결정의 순간에 회의하고, 어찌할 줄 모르며, 우물쭈물 주저하게 내버려두지 않는다. 선입견은 일련의 연결되지 않는 행위가 아니라 인간의 미덕에 습관이라는 옷을 입혀준다. 정당한 선입견을 통해 인간의 의무는 그 본성의 일부가 된다.'

따라서 버크의 이해에 따르면 전통은 지식(knowledge)의 한 형태다. 사실과 진실을 말하는 지식이 아니고, 방법을 말하는 지식도 아니다. 상황 통제 능력을 포함한 또 다른 형태의 지식이다. 과업을 성공적으로 수행하려면 무엇을 해야 하는지(what to do)를 아는 그런 지식이다. 그 성공이 사전에 이미 그려진 정확한 목표로 측정되지는 않고, 인간의 필요나 이해와 조화를 이루는 결과인지를 따져야 하는 그런 과업이다. 버크가 마음 속에 생각한 내용은 다시 말해 좋은 풍습이나 예의범절(manners)이었다. 사람들 속에서 어떻게 행동하고, 어떤 말을 하고, 무엇을 느껴야 하는지를 아는 지식을 우리는 사회에 침잠해 획득하게 된다. 그런 내용들은 일일이 적시해 가르치기 힘들고 오직 삼투압의 작용으로만 우리에게 스며든다. 그럼에도 이런 내용을 습득하지 못한 사람들을 무식하다고 말한다 해도 틀린 말은 아니다. 더욱이 그런 지식들은 실천적 지식의 더 높은 형태-아리스토텔레스의 미덕-가 획득되고 행사되는 과정을 보여준다. 그리고 아리스토텔레스의 영향은 내가 방금 인용한 버크의 구절에서 명백히 드러난다.

비록 사회계약은 여러 형태로 존재하지만 그 지배적 원칙을 홉스는 확신에 차 선언했다. '모든 의무는 자기 자신의 행동으로 발생한다.'고 말이다.[5] 내 의무는 내 자신의 창조물이다. 자유롭게 선택했기 때문에 구속력이 있다. 당신과 나는 약속을 교환한다. 그 결과로 맺어진 계약은 자유롭게 맺어졌다. 이 계약의 위반은 상대에게만이 아니라 자기 자신에도 폭력적이다. 왜냐하면 근거가 충분히 합리적이었던 선택의 이행을 스스로 거부하는 셈이기 때문이다. 우리가 의무를 계약에 따른 책임이라고 해석한다면, 모든 합리적 존재는 반드시 계약을 수용해야 한다는 견지에서 그 의무를 정당화하게 된다. 계약이란 스스로 선택한 의무의 범주에 속한다. 의무란 부과되거나 강요되거나 요청되지 않으며 기꺼이 수행된다. 사회 계약으로 법이 수립된다면 법에의 복종은 단순히 자유로운 선택의 반대편일 뿐이다. 자유와 복종은 하나이자 같다. 루소는 바로 그 개념을 정치학의 지배적 원칙으로 올려놓았다. 법이나 입법화는 '일반의지'의 표현이며, 이는 곧 모든 시민의 의지이기 때문에 모든 복종은 자유로운 선택의 결과다.

루소의 사회계약은 추상적인 개인의 집합에서 시작한다. 이 개인들은 어떤 연계나, 애착도 없으며 동료와 만들어내는 합의 말고는 그들의 사회적 행동을 안내할 어떤 지침도 없다. 혁명가들은 이런 사회의 모습을 공유한다. 그들에게 구질서란 모조리 파괴되어야 하며 그래서 사람들이 그들의 자유로운 선택 말고는 의지할 게 전혀 없는 상태에서 다시 시작할 수 있어야 한다. 그러나 사회적 존재는 그렇지 않다고 버크는 강조했다. 사회엔 본질적으로 배타적이고 내부자에게만 제공되는 특권과 혜택이 있다. 그런 특혜와 특권을 사회 구성원이 아닌 누구에게나 자유롭게 준다면 사회적 조화의 전제인 신뢰가 깨지고 만다. 반면 사회 계약은 하나의 생각 실험에서 시작할 뿐이다. 그에 따르면 일군의 사람들이 모여서 자신들 공동의 미래를 결정한다. 그러나 만약 그들이 공동의 미래를 상정하며 무언가를 결정해야 했다면 이미 공동의 미래가 그곳에 있었다는 의미다. 그들이 서로 함께 살고 호혜적 상호 종속을 인지했기 때문에 시급히 공동의 영토와 공동의 관할권 아래 어떻게 지배될지 결정해야 했다. 간단하게 말해 사회 계약은 이미 소속감이란 관계를 필요로 한다. 더구나 개개인 구성원들이 자신들 사이의 관계를 계약 조건의 관점에서 인지하도록 만들 개연성이 있는 그런 관계다. 그런데도 사회 계약 이론가들은 마치 자유로운 합리적 선택을 하는 1인칭 단수의 사람들만을 상정하고 글을 썼다. 그러나 사실은 1인칭의 다수를 상정했으며 그런 집단에서 소속감이란 짐(burden)은 이미 전제돼 있었다.

버크가 《프랑스혁명에 관한 고찰》에서 개진한 주장의 핵심은 '나' 보다는 '우리'가 앞선다는 점이었다. 그리고 사회적 소속감의 형태들이 사라지고, 그가 말하듯이 '개인이라는 먼지와 가루로' 사회가 해체될 때 어떤 일이 발생하는지 알아야 한다는 경고였다. 그가 옹호했던 '우리'는 현대 관료제 국가의 우리나, 사람들에게 결코 물어보지도 않고 그들을 대변한다는 혁명 전위대의 우리는 더더욱 아니다. 그것은 공유하는 법의 지배 아래 주권이 확보된 영토에서 살아가면서 소집단(little platoons)들이란 연결고리로 묶인 전통적 공동체에서 살아가는 우리다. 그것은 이제 우리가 '민족'이라 부르는 존재다. 비록 프랑스 혁명가들이 자신들의 권력을 강화하려고 활용했던 민족주의라는 호전적 개념이 배제되긴 했으나 그래도 민족이다.

버크는 관습, 자유로운 교환, '선입견'으로 드러나는 이성의 형태와 혁명가들이 말하는 선험적 원칙들을 명시적으로 대조했다. 혁명가들은 모든 사람이 물려받았다고 여겨지는 추상적 '이성'에 그 원칙들의 뿌리가 있다고 보았다. 이미 말했듯이 버크가 관습과 전통을 중시한 이유는 그것이 단지 애정과 신뢰의 대상이라 여겼기 때문이 아니라 사회적 지식의 형태들이라고 이해했기 때문이다. 혁명가들의 합리주의가 파괴해버릴 운명에 놓인 그런 형태의 지식 말이다. 그런 지식의 파괴는 그런 지식 없이 통치하려고 발버둥치는 사람들의 부당함과 점증하는 절대주의로 이어진다.

버크의 주장은 '정치적 합리주의'에 가한 오크쇼트(Oakeshott)[16]의 공격에서, '자발적인 질서'를 두둔한 하이에크에서, 엘리엇(T. S. Eliot)의 전통 옹호에서 모두 다르게 표현된다. 이 부분은 나중에 다시 언급하겠다. 그 중요성을 비평가들은 거의 이해하지 못했다. 그들은 《프랑스 혁명에 관한 고찰》을 그저 과거

16 1901~1990, Michael Oakeshott, 영국의 철학자. 런던 정경대 정치학부 소속 교수였다. .

를 그리워하는 데 그치는 글로, 너무 오래 지체된 현대화의 불가피성으로 곧 망하게 될 사회를 때늦게 옹호하려는 시도로만 읽는다. 사실 버크의 주장은 자유로운 개인과 질서 있는 공동체의 관계를 오해할 때 초래되는 비극적인 결과를 진단했을 뿐이다. 혁명가들은 개인의 자유를 우상화하며 그들이 벌이는 모험의 모든 단계에서 그 자유를 발동했다. 심지어 혁명재판에서 판사와 배심원 그리고 검사는 하나요, 같았다. 피고에게는 변호권이 거부됐다. 그런 재판을 로베스피에르(Robespierre)[17]는 '자유의 전제(專制)(the despotism of liberty)'라 부르며 정당화했다. 그러나 사회 질서의 기초로 이해된 이 자유는 폭정과 구분되지 않았다. 그것이 정확하게 우리가 당연히 맞닥뜨릴 내용이었다. 왜냐하면 자유는 사회질서의 기초가 아니라 사회 질서가 낳은 부산물의 하나이기 때문이다. 아담 스미스의 관용구를 빌자면 자유는 자유를 의도하지 않은 보이지 않는 손이란 관행에서 비롯된다. 그러나 관행은 수세대에 걸쳐 사회적으로 만들어진 지식이 구체화된 모습이다. 관습과 전통 그리고 소집단들을 없애버리면, 국민을 대변한다면서 사실은 그들을 통제하려드는 사람과 국민 사이에 있었던 안전판만을 제거하는 셈이다. 진정한 국민주권은 국민들이 스스로 존중하는 그 무엇을, 말하자면 전통, 법, 합당한 질서가 만들어지는 여건을 존중해야 한다고 버크는 말한다.

17 1758~1794, Maximilien Robespierre 프랑스 혁명을 주도한 정치인이자 법학자였다. 공포정치를 행하다 오히려 테르미도르 쿠데타에 밀려 반대파에게 처형당했다.

프랑스 혁명에 보인 모든 반응들 중에 버크의 시각이 가장 설득력 있고 정확했다. 그러나 그 관점은 어떤 철학적 체계 없이 제시됐다. 그러자 개인의 권리가 정치적 정통성의 유일한 근원이라고 주장하는 급진주의자들은 버크를 무자비하게 공격했다. 그들 중 하나인 토머스 페인(Thomas Paine)[18]이 처음엔 프랑스 정치에서 나중엔 미국 정치에서 기득권에 맞서는 국민의 대변자로 적극적인 역할을 담당했다《인간의 권리(Rights of Man, 1791-1792)》. 인간과 시민의 권리(The Rights of Man and Citizen)라는 최초의 선언엔 인간과 시민의 의무들을 담은 진술도 추가됐었다. 그러나 국민의회는 의무까지 굳이 진술해둘 필요가 없다고 결론지었다. 그 결과 사회는 질서 있는 정부에서 도덕적 진공상태로 빠르게 빠져들었다. 구성원들이 사회를 향한 의무 보다 어떤 권리만 전적으로 요구하는 그러한 곳에서 당연히 발생하는 일이었다. 지금 현재 우리의 관점에서 당시의 대립을 되돌아보면 우리는 스미스와 버크가 어떤 말을 하려 했는지 납득한다. 사회 질서의 핵심에 의무와 책임을 두려는 견지에서 사회적 소속감이라는 정서를 묘사하려했던 그들의 노력을 말이다. 그러나 토머스 페인의 얄팍한 주장들이 오히려 더 큰 영향력을 휘둘렀다. 보수주의자들은 약속하는 일엔 인색하고 이리 저리 요구하는 사항은 많다. 그런 보수주의자들의 견해를 옹호하는 일은 우리가 감당해야할 짐이 언제나 만만치 않음을 보여준다.

18 1737~1809, 미국의 작가이자 국제적 혁명이론가였다. 존 로크를 추종한 페인과 제퍼슨을 한 묶음으로 간주하는 학자들도 꽤 있다.

3장

독일과 프랑스 보수주의

이 책의 첫 두 장은 정치 질서를 해석하는 두 가지 개념을 설명했다. 자유주의적인 이해가 그 하나이고 영미의 보수적인 관점이 다른 하나다. 국민주권의 개념을 밀어붙이는 과정에서 자유주의자들은 불편한 현실에 직면했다. 인간은 자유롭게 선택하는 개인이긴 하지만 오직 그 선택을 허용하는 사회적 맥락에 놓일 때에만 자유로운 선택이 가능하다는 사실을 발견했기 때문이다. 자유는 분명 인간의 미덕이지만 그 남용이 방지되는 제한된 형태들 안에서만 그렇다. 자유주의적 법률들은 정치 질서가 가져다 준 승리의 전리품이다. 그러나 그런 법률들을 이해하고 그에 복종하는데 필요한 사회적 지식이 국민들에게 이미 존재한다는 전제가 반드시 동반되어야 한다. 이런 현실적 제약들을 감안해 보수주의자들은 자유주의적 이해에 맞선 대안적 철학을 제시한다. 오직 관습과 전통이 존재하는 곳에서만 개인의 주권은 무질서가 아니라 진정한 정치질서로 이어지게 되며, 계약과 무관하게 의무가 존재하는 그런 공동체에서만 세속적 정부를 가능하게 만드는 안정과 도덕 질서가 주어진다고 말이다.

따라서 내가 이미 서술했듯이 자유주의와 보수주의 사이의 관계는 절대적으로 적대적이기보다는 오히려 공생적이다. 자유주의는 보수주의가 방어하는 사회적 맥락에서만 가능하다. 그러나 자유주의자와 보수주의자는 일시적으론 서로 뚜렷이 구별된다. 자유주의자들은 태생적으로 반역하고, 보수주의자들은 자연스레 복종한다. 복종의 문화를 파괴하면 권리는 선언되지만 의무는 잊히고 만다. 그 결과 프랑스 혁명이 전체주의의 공포로 이어지고 말았다고 믿는 사람이 보수주의자다.

자유주의와 보수주의의 그런 변증법적인 관계는 다른 곳에서도 드러난다. 두 명의 위대한 독일철학자 임마누엘 칸트(Immanuel Kant, 1724~1804)와 헤겔(George Wilhelm Friedrich Hegel, 1770~1831)의 정치 사상 개념들은 그런 점에서 가장 기억할 만하다. 칸트는 자유주의자였다. 그리고 하나의 해석에 따르면 극단적인 경우다. 왜냐하면 그는 자신의 세계관 중심에 자유롭게 선택하는 개인을 두었기 때문이다. 그리고 모든 제도와 절차를 바로 그 관점에서 판단했다. 그는 올바르게 이해된 도덕, 법, 정치는 '의지의 자율성(autonomy of the will)'에서 유래한다고 주장했다. 그러나 이 자율성은 욕망이 아니라 의무를 통해 표현된다. 자유로운 존재는 양심의

무조건적 도덕률(categorical imperative)[19]의 제한을 받는다. 이 도덕률은 모든 합리적 존재에 적용되며 그 실천원칙에 따라 행동해야 한다고 우리에게 말해준다. 동시에 우리는 그 원칙이 모든 사람을 평등하게 '목적 그 자체로(ends in themselves)' 취급하는 보편적인 법이 되도록 해야 한다.

의무를 이렇게 강조했지만 칸트의 도덕과 정치 철학은 관습과 전통을 특별하게 여기진 않았다. 가정과 '소집단(little platoon)'도 전혀 고려하지 않았다. 칸트는 권리와 의무의 영역을 특정한 역사 공동체와 무관한 추상적이고 선험적인 이론으로 수립하려 했다. 칸트는 비록 언제나 권리나 해방보다는 의무와 법을 강조했지만 대체로 당시 부상하던 자유주의적 정론들과 일치하는 일종의 급진적인 정치적 결론을 이끌어냈다. 그는 루소의 숭배자였다. 그리고 (적어도 처음엔) 프랑스 혁명의 옹호자였다. 그는 '사해동포주의적(cosmopolitan)' 세계 질서를 지지하면서 일종의 사회 계약 이론을 선포했다. 그는 이 세계 질서 속에서 민족 국가들이 국제법 아래 주권을 축소해 공존하게 되리라 생각했다. 그는 국민이 선출한 대표자들이 통제하는 공화정체의 정부를 지지했다.

헤겔은 칸트의 철학이 인간관계의 구체성이나 역사를 고려하

19 정언명령이라고도 한다. 칸트에 따르면 도덕법칙은 행복을 얻으려는 그 무엇의 수단이 아니라 그 자체가 최고의 가치를 지닌다. 정언적, 단언적 지상 명령이다.

지 않고 이성으로만 규정된 의무와 권리의 연결망이라는 '추상적 권리'를 옹호한다고 보았다. 그러나 헤겔은 이런 추상적 권리가 비록 그 자체로는 유효하지만 결정적 지침이 되려면 실제 도덕 행위자들의 역사적 애착과 결합해서 반드시 구체화되어야 한다고 생각했다. 도덕 질서라는 구체적 여건이 없다면 권리라는 개념은 지적인 성층권에 머물며, 어떤 실제적 적용도 불가능해져 지구상으로 내려오지 못한다고 믿었다. 이 추상적 권리와 구체적 도덕성의 대립에서 윤리적 삶의 영역이 부상한다.

정치 질서란 이 윤리적 삶(Sittlichkeit)의 공동체적 표현이다. 자유주의에 맞서는 보수적 대응의 하나로 헤겔은 이 윤리적 삶을 대단히 독창적이고 형이상학적으로 흥미롭게 변호한다. 헤겔은 칸트와 루소의 추상적 자유가 가능해지는 유일한 상황은 전통이 지배하는 사회 질서의 맥락 안이라는 사정을 보여주려 했다. 그런 곳에서만 비계약적 의무와 법인 단체가 사회적 소속감이라는 연결망을 형성한다고 말이다. 칸트에서 헤겔로의 변이를 보며 우리는 로크와 버크의 관점을 고려할 때 이미 분석했던 전이, 자유주의적 열망에서 보수적 현실로의 이행이란 전이의 그 형이상학적 형태를 발견한다.

헤겔은 칸트의 영향을 심대하게 받았다. 그러나 그는 18세기 혁명들의 여파에도 비슷하게 영향을 받았다. 그 혁명들은 정치의 모습을 비가역적으로 바꾸어버렸기 때문이다. 따라서 그 이후의 정치사상은 상황이 철저하게 변해버릴지 모른다는 사실을 염두에 두어야만 했다. 제도와 법은 일시적일 뿐이다. 그러니 현상유지를 옹호하고 싶은 사람이 있다면 그것들을 보존해야할 이유, 아니 급진주의자들의 모든 희망과 꿈을 상쇄할 만큼의 충분한 이유를 찾아내야 할 책임이 있다고 생각해야 했다. 곧이어 혁명을 설명하고 정당화하며 옹호하려는 이론들이 부상했다. 그 중 하나가 마르크스의 이론이며, 이 이론은 그 이후의 정치사상과 현실을 지배해버렸다.

마르크스는 전적으로 헤겔에 의존해 역사를 바라보았다. 그러나 마르크스가 채택한 헤겔의 주요 개념들은 정치 운동에서 우위를 장악하겠다는 그의 생각 때문에 변형되고 수정되었다. 마르크스도 그 일원이었던 '청년 헤겔의 추종자'들이 그랬듯이 헤겔은 프랑스 혁명을 중차대한 전환점이라고, 역사의 깊은 저류를 의식한 자각이라고 받아들였다. 이런 까닭에 헤겔은 또 다른 차원에서 19세기 혁명 정치의 창설자라 불리기도 한다. 어쨌든 그가 처음 나폴레옹을 흠모했고, 영웅이 인류를 구원한다고 평생 동안 집착했지만, 헤겔의 정치 철학은 정치 질서의 보수적 견해를 제시한 가장 체계적인 설명으로 진화해나갔다.

헤겔의 《정신현상학(The Phenomenology of Spirit, 1806)》은 보수주의 철학의 출발점을 탁월하게 잡아냈다. 헤겔은 권리와 의무를 상호 인정할 때 갈등과 지배의 관계가 어떻게 극복되는지 보여주었다. 그리고 이 과정에서 어떻게 개인들이 행동의 자유뿐 아니라 사회적 소속감을 성취하는지도 보여주었다. 인간은 그들이 자유를 획득하는 과정을 통해 애착을 형성한다고 헤겔은 말한다. 법, 교육, 정치라는 제도들은 그 과정의 일부로, 우리가 초연한 처지에서 그것들을 자유롭게 선택한다기보다는 그러한 제도들을 통해 우리가 자유를 획득하며, 그것들이 없다면 우리는 충분히 자의식이 있는 행위자로 존재하지 못한다.

헤겔은 루소의 자유롭게 선택하는 자아가 공허한 추상이라고 생각한다. 그런 자아는 사회에 앞서 존재하지 않으며, 갈등의 해결을 통해, 관습과 도덕이나 문명적 연대를 통해 사회에서 창조된다. 바로 그러한 내용들은 인간의 조건으로 이미 확고하게 주어졌다. 그런 조건들이 없다면 우리의 세계를 떠받들고 있는 자의식도 없다. 헤겔은 이런 결론을 눈부신 방법으로, 노예제의 역설적 본질을 고려하면서 제시한다. (《정신현상학》 4장 1절)

헤겔은 분화되지 않은 종족적인 삶에서 정치적 동물이라는 자의식이 가득한 개인으로의 발전을 보여주는 일련의 시나리오를 통해 우리 사회가 진화했다고 제시한다. 그는 '당신'과의 투쟁에서 '내'가 부상한다고 말했다. 그렇게 자연 상태에서 벌어지는 '삶과 죽음'이라는 투쟁이 지배와 복종의 관계로 이행한다. 그 투쟁은 한 사람이 다른 사람에게 항복하면서 죽음 보다는 노예제를 선호하는 방식으로 해소된다. 그 승리 덕분에 '나'는 이제 '당신'을 지배한다. 주인으로서 나는 당신의 노동을 통제하는 권력을 지닌다. 그러나 노예인 당신만이 세계에 흔적을 남긴다. 왜냐하면 당신은 내가 의존하는 생산물의 창조자이자 제작자이기 때문이다. 나는 소비자로서 내가 즐기는 세상에서 나 자신을 조금도 발견하지 못한다. 내 게으름으로 그 모두가 희미해진다. 심지어 내 자유라는 믿음조차 흔들린다. 나를 위해 일하는 사람에게 전적으로 기대면서 내 자신의 의지를 실질적으로는 이미 포기했기 때문이다. 그러나 진정한 자유는 나의 자율성이라는 의식을 필요로 한다. 나는 남들이 자유롭고 동등한 관계에서 나를 알아볼 때만 그 자율성이란 의식을 획득한다. 당신에게 그런 나의 자율성을 알아봐 달라고 요구할 수는 있다. 그러나 요구의 결과로 얻어진 인정은 내가 추구하던 인정이 아니다. 만약 그 인정에 내 권리가 있다고 확인되려면 그것은 나의 요구를 통해서가 아니라 상대의 자유의지로 내게 주어져야 한다.

이런 방식으로 권력 관계들은 일종의 모순으로 물들어 있다고 헤겔은 말한다. 주인은 노예에게 인정을 추구한다. 그러나 그 노예에겐 인정을 내려줄 힘이 없다. 주인은 자신의 노예 지배를 단념해야 자유로운 주체로 자율성을 누린다. 처음에 모순이 만들어졌다가 나중에 해소되는 헤겔의 '변증법'은 주인과 노예 관계의 핵심에 있는 모순이 초월되어 진다는 의미다. 상호 인정이 지배를 대체한다. 각자는 이제 온전한 자유를 갖게 된다. 자유를 행사할 힘과 자유를 가치 있게 만드는 인정까지 말이다. 이렇게 헤겔은 진정한 자유는 칸트의 '추상적 권리'에 복종하도록 요구한다고 말한다. 자유는 특히 모든 사람을 수단이 아니라 목적 그 자체로 존중하라고 명령하는 법률에 복종하도록 강요한다. 오직 이런 방법만이 우리가 반드시 자연 상태에서 도피해야만 한다는 모순을 해소해준다.

이 주인과 노예의 우화는 많은 생각을 불러일으킨다. 보수주의자들만이 그 해석을 독점하지도 않는다. (헤겔 주장의 대요는 마르크스의 이론들에서도 여러 형태로 거듭 등장한다.) 그러나 보수주의자에게 그 주장은 매우 중요하다. 자유주의적 개인주의의 근본적인 형이상학을 성공적으로 반박하게 해주기 때문이다. 헤겔이 옳다면 자유는 복종과 투쟁이라는 갈등을 통해 생겨나는 사회적 가공물(social artefact)이다. 더욱이 자유주의자와 사회주의자들은 '존중의 평등(equality of respect)'을 문명화된 질서의 기초라 간주하지만 헤겔에 따르면 그것은 내재적으로 갈등에 오염된 채 탄생한다. 그러한 평등은 불평등에서 쟁취되기에 권력과 지배의 흔적이 없는 절대적 평등이라는 이상은 미망에 지나지 않는다. 자유의 역사는 자유라는 본질에 남아 있다. 그것은 곧 예속의 역사다. 헤겔이 우리에게 준 자유는 정치적이고 대단히 반이상향적이다.

《정신현상학》은 헤겔의 저술에서 최초로 성숙된 저작이며 그 이후 발표된 모든 사고에서 핵심적 위치를 차지한다. 그러나 그 책에서 자신의 정치적 주장을 자세히 다루려 시도하지는 않았다. 대신 개인의 삶에서 의식이 '결정되고(determined)' '구현되는(realised)' 다양한 단계들을 숙고했다. 내면적 삶의 복잡성을 탁월하게 묘사했으며, 정신이 그 자체의 완전한 의식으로 나아가는 과정에서 모순과 그 해소가 계속 이어지는 일련의 '변증법적' 이행을 제시했다. 《법철학 강요(Outlines of the Philosophy of Right, 1821)》에서 헤겔은 동일한 시각을 정치 질서에 적용했다. 그 과정에서 자유는 존재의 집단적 상태로 구현된다.

헤겔에게 정치는 '윤리적 삶(Sittlichkeit)'의 정교한 전개다. 그것은 도덕성이 공적으로 또 외적으로 드러난 측면이다. 변증법의 구조는 연대의 두 가지 형태, 가정과 시민 사회(bürgerliche Gesellschaft) 사이에 벌어지는 긴장과 대립으로, 또 최고의 제도인 국가에서 이뤄지는 그 대립의 해소로 발현된다. 버크와 마찬가지로 헤겔은 가정을 정치 질서의 핵심적 요소로 보았다. 가정은 개인이 최초로 애착을 느끼는 영역이며, 개인은 그곳에서 자유와 자기 인식으로 나아가는 여행에 나선다. 가정은 또한 선택하지 않은 의무의 원천이다. 그 의무는 개인이 탄생하자 마자 그를 옥죄며 개인이 진정으로 자유를 획득하기 이전에 이미 그 자유를 침해한다. 개인이 선택하지 않은 그 의무는 가족에서 비롯된다(헤겔에게는 고대 로마 가정의 신들, 혹은 집 수호신들(penates)로 상징된다). 가족에의 불충은 자기 자신에 불충하는 하나의 형태다. 왜냐하면 자신의 의지와 이성이 처음 출현되는 조건이 부여하는 의무를 거부한다는 뜻이기 때문이다. 따라서 자유롭게 선택되지 않은 의무(충성심이란 의무)의 인정이 자유의 핵심적인 부분이다. 그러므로 (자유주의자들이 가정하듯) 합리적 존재는 반드시 사회 계약의 정당성을 받아들여야 한다는 사고를 지지한다면 다른 무엇의 정당성도 당연히 인정해야 한다는 말이나 마찬가지다. 바로 이 다른 무엇, 비 계약적인 의무의 영역을 보수주의 철학자는 반드시 거론해야 하고 보수 정치인은 그것을 높이 떠받들어야 한다.

이렇듯 결혼은 계약으로 시작하지만 하나의 계약적 의무로만 이해되어선 안 된다. 차라리 결혼은 '실질적 속박(substantial tie)'이며 그 안에 있는 삶은 '총체적 삶(life in totality)이다. 이는 마치 생애 그 자체이거나 그 삶의 과정 전부다.' 자기 구속인 이 결합은 역시 해방이기도 하다. 왜냐하면 결혼은 양 당사자들에게 그들이 공유하는 세계에 타당성이라는 새로운 의식을 부여하기 때문이다. 결혼에 참여하는 당사자들은 자연적으로 그러한 관계에 성스러운 특질을 부여한다. 정치적 의무란 결국 가족의 삶이라는 속박에서 처음 얻어지는 그 성스러운 의식이 최고의 단계에서 또 다시 획득되는 그 무엇으로 보인다.

시민 사회는 '보이지 않는 손'으로(헤겔은 이를 '이성의 간지(cunning of reason)'라 불렀다) 발생하는 자유로운 연대와 제도들의 영역이다. 구성원들이 자발적으로 모이는 영역이며, 이곳에서 우리는 버크가 말하는 '소집단'들인 기업, 교회, 클럽, 법인들로 뭉친다. 헤겔은 로마법의 법인이라는 개념에 강하게 영향을 받았다. 법인은 그 자체의 권리와 의무를 보유하는 존재다. 시민사회의 자발적인 연대들은 법인들로서 도덕적 정체성을 획득한다. 그러한 연대들은 사유 재산에 뿌리를 내리고 있다. 사유재산이 있기에 우리는 신뢰와 애정을 선물이나 자유로운 교환으로 표현한다. 헤겔에게 사유재산은 또한 물질세계에서 자연스럽게 표현되거나 구현된(Entäusserung 혹은 외재화된) 개인의 자유다.

결혼이 계약이 아니라 실존적 속박이듯이 '국가의 본질을 계약이라는 관계에 둔다면 진실에서 그만큼이나 멀리 떨어진다. … 사유 재산 전반에 관련된 관계와, 계약의 관계를 개인과 국가 사이의 관계에 밀어 넣은 결과로 헌법과 공공의 삶에 가장 많은 혼란이 발생했다.' 버크와 마찬가지로 사회 계약은 선택이 없는 곳에 선택이라는 환상을 끌어들인 개념이라고 헤겔은 보았다. 그 결과 오직 목적 그 자체로 봐야 적절하게 이해되는 사법적 주권이란 일종의 편제를 우리가 도구적 관점으로 처리하도록 이끌어 버렸다.

헤겔은 루소의 시각을 전적으로 부인하지는 않는다. 왜냐하면 그는 국가가 사람(a person)이라는 루소의 생각에는 동의한다. 국가는 일정한 시기에 의지, 정체성, 매개체(agency)를 보유한다. 국가는 계획하고, 좋든 나쁘든 이성을 활용하며, 자신의 행동에 책임을 진다. (적어도 그것이 진정한 혹은 실체화된 국가의 형태다.) 이 인격적 국가가 '윤리적 개념의 실체(the actuality of the ethical idea)'다. 그 국가의 권리와 의무는 개인의 그것들을 초월한다. 다른 사람과 마찬가지로 국가는 수단이 아니라 목적 그자체로 취급되어야 한다. 국가의 생존은 흥정의 대상이 아니다.

왜냐하면 국가는 윤리적 사람이라는 이 정체성을 지녔으며 시민사회와는 반드시 구별되어야 하기 때문이다. 따라서 국가와 시민 사회가 하나이며 같다는 계약이론의 개념은 인정되어선 안 된다. 개인이 국가에 소속되느냐 마느냐의 문제가 마치 선택적이라고 암시하기 때문이다. 오직 시민의 연대 그 전체와 국가를 분명하게 구분해야 정치적 의무는 업무적 관계 같은 계약이 아니라 구속적 속박이라는 사정을 제대로 이해하게 된다. 정치적 의무란 이렇게 보자면 가족 안에 존재하는 비계약적 속박과 유사하다.

아마도 현대 정치에서 가장 중차대한 발전은 헤겔이 비판한 문제점의 정반대를 지닌 정치 체제들의 등장이다. 그 문제점이란 시민 사회 속에 국가를 해체한 경우가 아니라 국가가 시민사회를 해체한 경우다. 그러한 문제는 자신들이 통제하지 않은 모든 단체를 사실상 불법화 시킨 프랑스 혁명 당시 자코뱅 당이 이미 드러냈다. 또한 소련과 그 제국의 의도적인 정책도 있었다. 시민 사회의 핵심인 자율적인 기관들(헤겔이 말하는 '법인'들)은 모조리 파괴됐으며 국가를 통제하는 당의 관리 아래 있지 않은 어떤 단체들도 허용되지 않았다. 전체주의의 역사는 헤겔 정치 철학의 주요한 두 개념들이 옳았음을 선명하게 보여준다. 국가와 시민사회는 서로 뒤죽박죽 섞이지 않을 때 번창한다는 이론이 그 하나요, 바람직한 형태의 국가엔 법인체의 권위와 정체성이 있다는 이론이 다른 하나다. 정확하게 말해 전체주의자들은 국가를 활용해 모든 법인과 자율적 집단들을 억눌러버렸고, 기계적이고 무책임한 장치를 만들어 책임 있는 정부를 대신하도록 했다. 결사의 자유를 포함해 시민의 자유를 파괴하면서 그들은 국가의 인격마저 파괴했다. 그 결과 전체주의자들에게 국가는 공모자들의 무리가 뒤집어 쓴 일종의 가면에 지나지 않았다.

국가와 시민사회를 구별해야 할 중요성이 언제나 인식되지는 않았다. 모든 종류의 정치 질서를 나타내려고 '시민 사회(civil society)'라는 용어가 사용되던 18세기의 습관 때문에 그 구분이 불분명해졌다. 헤겔은 시민 단체들의 힘(the powers of civil associations)에서 유추되거나, 그 힘으로 축소되지도 않는 국가가 새로운 질서의 대리인이 된다는 개념을 최초로 인식한 보수주의자였다. 그러므로 국가가 보장하는 시민의 자유는 또한 국가의 위협 아래 놓인다. 국가는 시민사회에서 자유를 이끌어낼 때만이 자유를 유지하게 된다. 달리 말하자면 시민 사회는 그 자신만의 자립적 질서를 반드시 가져야한다는 의미다. 그 질서란 스미스의 경우 '보이지 않는 손'에서, 버크의 경우엔 '선입견'에서, 헤겔의 경우엔 '이성의 간지'에서 비롯된다.

헤겔은 사유재산, 법, 시민권과 계약 등의 기초적인 시민 사회 제도들을 그럴듯하고 상상력이 풍부하게 변호하는 한편 교육, 의례, 복지, 권력 분립 등 정치질서의 보다 미묘한 분야까지 섬세하게 처리한다. 그는 비록 행정 권력의 잘못을 바로잡고 자문할 권한이 있는 대의제를 옹호했지만 민주주의자는 아니었다. 그는 국민의 대의는 투표로 유지되는 만큼 투표로 위협받는다고 믿었다. 대의제는 오직 헌법적 조항들로 중재될 때에나 존재하게 된다고 헤겔은 생각했다. 이런 조항들의 유지는 다수의 적극적 협력을 필요로 하며 이 협력은 그 다수가 빈곤한 처지에선 확보되지 않는다. 따라서 헤겔은 복지 국가의 창설을 옹호했다. 그는 국가가 시민의 궁핍함에 무관심하면서 시민들과의 인격적 관계를 유지하기는 어렵다고 말했다. 비록 시민들의 결핍이 곧 권리는 아니지만 그럼에도 이를 보살펴야할 주권(국가)의 의무는 규정했다.

헤겔에게 자유 시장은 시민 사회의 핵심적 제도이며 부(wealth)의 이전에 필요한 도구다. 더욱이 그는 자본의 축적 없이는 몇 세대에 걸쳐 수립되는 질서나 가정의 안전은 존재하기 힘들다고 주장했다. 자본주의는 시민 사회와 국가를 구분할 때 필연적으로 따르는 결과이자 사회적 계속성을 유지하는 데 필요한 도구다. 자본주의를 부르주아 질서의 원천으로 본 마르크스와 달리 헤겔은 부르주아 질서의 결과가 자본주의라고 보았다. 이와 마찬가지로 그는 계급의 구별은 자유로운 결사나 법인체들의 형성에 따른 부산물이라 보았다. 나중에 등장한 사회주의자들의 비판이 암시했던 압제적 성격은 없다고 헤겔은 생각했다.

헤겔은 개인주의라는 철학에서 인간 개인을 구해냈다. 그는 제도와 개인의 진정한 상호의존성을 보았다. 그 결과 그는 자유주의의 선험적 추상에 저항했다. 동시에 사회주의가 정치의 목적으로 지겹게 집착했던 위험한 욕망, 권력이 더 이상 필요하지 않고 행사되지도 않는 평등과 자유라는 최종적인 목표에도 저항했다. 인간 개인을 사회적 가공물로 이해한다는 의미는 불평등이 자연스럽다는 말이다. 아울러 권력은 복합적인 선(a complex good)의 일부이며, 제약은 우리가 소중하게 여기는 유일한 자유를 만들어내는 데 반드시 필요한 재료다. 부르주아 사회(bürgerliche Gesellschaft, 시민 사회)는 역사적으로 과도기적이거나 도덕적으로 타락한 상태가 아니다. 윤리적인 존재로는 최상의 형태이며 그곳에서 인류의 지속적이지만 불완전한 본질이 최대한 구현된다.

헤겔은 《법철학(The Philosophy of Right)》에서 선언한 이론들보다는 그의 역사 철학 때문에 뒤이어 등장한 정치철학에 더 많은 영향을 미쳤다. 그는 역사가 각 시대에서 다음 단계로 불가피하게 행진한다고 생각했다. 그 개념은 모든 영역에서 정신을 지배한다는 그 똑같은 변증법으로 강조됐다. 이런 시각은 철학적으로 만들어진 환영 중에서 그 해악이 가장 컸다. '역사의 종언' 이나 진보를 믿는 유사 종교적 신념, 마르크스주의자들의 혁명 물신주의를 고취했다는 책임이 모두 그에 있기 때문이다. (《역사철학 강의 (Lectures on the Philosophy of History)》, 1822, 1828, 1830년에 열렸다.) 헤겔 이후 19세기 독일 철학이 보수주의에 더 기여한 바는 거의 없다. 보수주의는 오직 20세기 초로 넘어 오며 오스트리아와 헝가리의 사회 경제학 이론들에서 번성했다.

프랑스에서 보수주의자들로 불린 헤겔의 동년배들이 몇몇 있었다. 그중에 가장 주목할 만한 인물로는 샤토브리앙(Chateaubriand)[20]과 메스트르(Maistre)다. 그리고 보수주의 운동에 끼친 중요성이 과소평가되지 말아야 할 프랑스 자유주의자가 한 명 더 있다. 알렉시스 드 토크빌이다. 그가 쓴 미국 여행기, 《미국의 민주주의(Democracy in America, 1835)》는 외국인의 손으로 쓰인 미국인들의 정착기로는 아마 가장 영향력이 큰 책이다. 이 세 저자들을 간략하게 훑어보면 우리의 이야기는 보수주의가 새로운 반대자와 사회적 혼란에 맞서 스스로 모습을 가다듬어 가던 때인 19세기 후반에 접어든다.

'반동분자(réactionnaire)'라는 용어는 혁명기에 부상했다. 혁명으로 이미 휩쓸려 나가버린 일부를, 아니 가장 큰 부분을 복구하거나 전체 사업을 무산시키려던 사람들을 묘사하는 말이었다. 그런 반동분자로 자신의 의견을 가장 잘 정리했기에 보수주의 역사에서 한 자리를 차지해야 마땅한 인물은 외교관이었던 조

20 1768~1848, François-René de Chateaubriand, 작가이자 정치가. 프랑스 낭만주의 문학을 이끈 선구자 중 하나. 교황청, 영국주재 대사, 외무장관 등을 역임.

제프 드 메스트르 백작(Joseph, Comte de Maistre, 1753~1821)이다. 그는 왕권신수설이란 강령을 옹호했다. 부르봉 왕조의 복구만이 프랑스와 그 국민에게 정의로운 정부를 되돌려주게 된다고 믿었다. 그는 혁명이 프랑스의 기독교 전통을 부인한다고 보았다. 동시에 교황권이 로마 교황청의 권위에 집중되어야 한다는 신학적 강령을 선호하는 교황권 지상주의(ultramontanism)를 선도적으로 주창한 사람이었다. (ultramontanism은 글자 그대로 영적인 근원은 '산을 넘어,' 알프스 산맥 넘어 있다는 의미다.) 교황권 지상주의는 1814년, 메스트르 백작의 인생 말년에 잠시 승기를 잡았다. 그 주요 옹호자였던 예수회 교단이 잠시 부활했기 때문이다. 메스트르에게 교황권 지상주의란 다른 말로 프랑스인들에게 겸손해야 한다는 요구였다. 그것은 프랑스가 자신들만의 법과 정부 체제를 창조해선 안 되며 반드시 더 높은 권위에 순종해야한다고 인정하는 길이었다.

그러므로 《정치헌법의 생성원리를 논함(Essai sur le principe générateur des constitutions politiques, 1809)》이란 저서에서 그는 모든 자유주의적 이론들의 근본적인 오류라고 생각한 부분을 지적했다. 헌정체제란 만들어지지 않고 발견될 뿐이며 당대 정부들의 특징이었던, 새로이 헌법을 만들어내겠다는 열망은 부분적으로 미국 헌법을 오해한데서 비롯됐다는 선언이었다. 미국 헌법이 영미의 관습법에 이미 다 나타나 있는 정신을 구체적으로 표현한 문서에 지나지 않는다고 보았기 때문이다. 모든 헌정체제나 국가들은 시민적 연대의 내적인 삶과 밀접하게 연결돼 있어 뗄래야 떼어낼 수 없다. 따라서 사람들의 암묵적인 정신에서 헌정체제를 분리해내려는 시도는 정치 사회적 죽음을 의미한다. 주권에의 의무는 계약이나 동의가 아니라 이미 수립된 제도들을 존중할 때에만 그 근거가 발견된다고 메스트르는 생각했다. 정치적 의무의 진정한 대상은 국가가 아니라 신이며 모든 인간적 제도들에의 의무는 궁극적으로 종교적 의무 위에서 수립되어야 한다. 더욱이 헌정체제를 만드는 주체는 인간이 아니라 신이다. 신만이 궁극적인 입법가이다. 따라서 이 주제와 관련해 출현한 프랑스 혁명의 모든 사상들은 단지 신성모독에 지나지 않는다. 그저 인간의 무능력을 증거하려고 고안된 생각일 뿐이다.

계몽운동은 인간의 완벽성을 내세우는 불경한 관점 때문에 자부심이란 죄, '신에의 반란'을 집단적으로 드러내는 일이었다. 인간이 원죄의 실재를 부정하고, 자신들의 운명을 스스로의 수중에 넣으려 할 때 혁명의 폭력적 전개는 당연히 예상되었다. 공포정치의 사태들은 글자 그대로 악마적이었으며, 타락한 천사들의 반역을 재현했다. 아울러 인간이 권위를 부정하고, 기존 정부를 무시하며 새로운 정부 형태를 발견할 능력이 있다고 상상할 때 무엇이 뒤따르는지 보여주었다.

메스트르의 사상은 재기 넘치게, 조금은 냉정하게 또 극단적으로도 제시됐다. 그 중 몇 가지는 헤겔에게서 조금 더 부드러운 형태로 나타났다. 헤겔은 주장한다. '헌정체제가 비록 때를 맞춰 탄생하기는 하지만 만들어지는 대상으로 간주되지 말아야 한다. 헌정체제는 단순히 그 자체로 존재하며, 성스럽고 일정해서, 만들어지는 영역을 초월하는 그 무언가로 취급되어야 한다.'《법철학 273절》

메스트르와 마찬가지로 헤겔은 군주제를 국가라는 개인 인격의 구체적인 구현이자, 상징적 법제화로 보았다. 군주라는 사람을 통해 '국가의 통일성은 그 변덕(caprices), 혹은 특수성이나 목적과 중론(衆論)의 영역으로 끌려들어갈 위험에서 벗어난다. 아울러 왕조를 둘러싼 파벌들의 전쟁이나, 국가라는 권력의 전복과 약화에 휘말릴 우려도 없어진다.' (281절) 헤겔의 논점들은 당대의 중대사를 보는 왕당파와 군주제 주의자들의 주장을 근본적으로 미래지향적 관점에서 흡수했다. 그 결과 메스트르의 글에서 종종 보였던, 영원히 사라졌거나 사실은 결코 존재하지 않았던 삶의 형태를 낭만적으로 되살리려한다는 느낌을 약화시켰다. 그러나 그 궁극적 분석에서 헤겔의 논점은 메스트르에 가까워진다. 단순한 충성 여부에 달려 있는 어떤 제도의 권위를 실용성에 입각해 옹호한다면 위험하다고 이야기하기 때문이다. 세습 군주제의 근거를 그 효과나 효용성에서 제시하려 든다면 왕좌의 위엄을 논쟁의 영역으로 끌어들이는 일이다. 그것은 또한 왕좌의 근거 없는 직접성과 궁극적 본질이라는 특성을 무시하고 국가에 내재한 개념이 아니라 외부적인 무엇, 어떤 외연적 개념, 예를 들어 "국가

의 복리"나 "국민의 복리"에 군주제의 근거를 두려한다는 얘기다. (281절)

헤겔은 프러시아 군주정체(monarchy)의 등장에 길을 열어주었고 메스트르는 프랑스에서 사라지는 옛 군주제를 한탄스레 바라보았다. 헤겔은 진정한 보수주의자로 계속성과 관습 그리고 자유로운 연대가 정당한 질서의 뿌리가 되는 주권이론을 개발했다. 그러나 메스트르는 그가 악마의 작품이라고 본 무언가를 탄식했을 뿐이다. 그는 프랑스 국민에게 그들이 누구인지 말해주는 종교적 믿음으로 되돌아가라고 요구했으며, 정치 질서와 정치 제도들은 기독교 유산을 보호하고 구현하는데 상응해 그 정당성이 얻어진다고 보았다.

교황권지상주의는 19세기 내내 프랑스에서 하나의 세력으로 존재했다. 심지어 1차 세계 대전 이후 20세기의 '가톨릭 문예 부흥(Catholic Revival)'[21]에서도 그 흔적이 나타난다. 메스트르의 견해는 반동적이라고 무시되기도 한다. 그러나 프랑스에서 나타난 보수주의는 가톨릭 신앙과 또 그 신앙을 증언하는 프랑스에의 존숭과 거의 반드시 연결되어 있다는 사정을 명심해야 한다. 더욱이 혁명에 뒤이어 프랑스 보수주의가 왜 조상들의 종교에서 영감을 얻으려

21 1860년에서 1960년에 이르기까지 영국과 프랑스, 그리고 미국에서도 일군의 문인들이 개신교에서 가톨릭으로 개종하고 가톨릭의 정신을 되살리려했던 움직임을 지칭한다. 프랑스에서는 프랑스와 모리악, 가브리엘 마르셀, 영국에선 존 헨리 뉴먼, G.K. 체스터톤, J.R. 톨킨, 미국에선 플래너리 오코너 등이 참여했다.

했는지 설명해준다. 그것은 또한 미국과 프랑스 혁명의 차이를 말해주기도 한다.

미국 혁명은 토론과 타협의 결과를 담은 헌법으로 이어졌다. 그 안에는 오랜 기간 수립되어온 관습과 기대들이 규정되고 추인됐다. 미국 헌법은 만병통치약이 아니다. 혹은 인류의 모든 삶에 마땅한 지침을 주는 포괄적인 강령도 아니다. 그 헌법은 시민들이 중앙 정부의 매우 소극적인 구속에 순응한다면 어떤 삶의 방식이라도 자유롭게 채택하도록 허락했을 뿐이다. 그것이 그 헌법의 가장 큰 미덕이다. 이 모두는 유명한 수정헌법 첫 번째 조항에 담겨 있다. 그 구절은 '의회는 종교를 만들거나, 자유로운 종교 활동을 금하거나, 표현의 자유, 출판의 자유, 평화롭게 집회할 권리와 억울함의 해소를 목적으로 정부에 탄원할 권리를 저해하는 어떠한 법률도 만들 수 없다.'고 확인한다.

프랑스 혁명가들은 그와 대조적으로 총체적인 강령을, 포괄적인 이념을 제공했다. 혁명가들은 인간의 영혼을 누가 장악하느냐는 문제를 두고 종교와 직접적으로 경쟁했다. 교회는 적이었다. 사제들은 그들의 성스러운 복종을 번복하고 혁명에 충성을 맹세하라고 강요받았다. 따라서 프랑스 혁명과 맞서 싸우려면 그 혁명이 정복하려 나섰던 영적인 영역을 재탈환할 필요가 있었다. 오직 총체적인 강령이, 인간의 운명을 장악하는 완전한 전망만이 당대의 정치적 필요에 부응하게 된다. 국민들이 견뎌내야 했던 모든 환란에도 불구하고 가슴속에 간직했던 신앙이야말로 당연히 그 완전한 전망이었다.

이런 신앙을 가장 설득력 있게 대변한 인물이 있다. 그는 또 신앙의 회복이 정치에서 보수주의 운동과 묶여있다는 점을 가장 분명하게 보았다. 바로 프랑수와 르네 드 샤토브리앙 자작이다. 그는 19세기 전반 문학적으로 또 정치적으로 가장 뛰어난 인물의 하나였다. 1800년대 초 젊은이로서 미국을 여행하는 동안 미국 원주민 부족들의 정신을 포착해낸 이국적인 이야기들을 책으로 펴낸 작가로도 이름을 알렸다. 그는 처음엔 런던으로 건너간 이민자였고, 나중엔 나폴레옹의 외교관이었으나 앙기앵 공작(Duc d'Enghien)의 사법살인[22]을 둘러싸고 혐오감을 느껴 나폴레옹에 등을 돌렸다. 그는 부르봉 왕정복고 시절 대사였다가 잠시 외무장관으로 재직하기도 했다. 이런 다채롭고 낭만적인 경력에도 불구하고 샤토브리앙은 빼어난 문장을 구사하는 작가라는 본업도 소홀히 하지 않았다. 그의 사후 발간된 《무덤 너머의 기억(Mémories d'outre-tombe)》은 낭만주의 문학에 등장했던 위대한 고전의 하나다.

프랑스 보수주의에 샤토브리앙이 바친 주요 기여는 두 가지 측면에서 발견된다. 우선 그는 1802년 기독교 신앙을 폭넓게 옹호하고 변호하는 《기독교의 진수(Génie du Christianisme)》를 출간했다.

22 1772~1804, 프랑스 부르봉 왕가의 일원이었다. 프랑스에 맞서 영국을 도왔다는 이유로 나폴레옹이 체포해 재판 끝에 처형했다.

이 책은 동세대 지식인들이 계몽주의 시대의 이신론(理神論)과 불가지론에서 벗어나도록 하는 데 결정적인 영향을 미쳤다. 두 번째로 그는 자신의 삶과 글에서 보수주의가 일종의 미학적이고 영적인 쇄신이며, 당시 혁명적 평등주의라는 무서운 정론에서 벗어나 낭만적 풍요와 음울한 주관성, 화려한 스타일의 세계로 나가는 길이라는 점을 보여주었다.

샤또브리앙은 프랑스 낭만주의의 시발점일 뿐만 아니라 고딕 복고의 첫 번째 떨림이었다. 그 움직임엔 자연 보호나 역사적 기념물의 복구, 부르봉 왕정의 복고 이후 복합적인 정부 체제의 재빠른 수용 등이 있었었다. 복합 정부란 귀족 지배체제가 다시 결정적인 역할을 담당하는 체제였다. 나폴레옹은《기독교의 진수》를 환영했다. 그 책의 견해가 진실이라고 믿었기 때문이 아니라 기독교 신앙의 사회적 효용이 중요하다는 자신의 관점에 힘을 실어주는 듯했고 교황의 정치체제에 손을 내미는 본인의 태도와도 일치했기 때문이다. 나폴레옹과 달리 샤토브리앙은 신자였으며 그는 신앙이 모든 관습과 제도들을 통해 그 빛을 발하며 삶에 미학적인 후광을, 모든 지적인 의심을 능가하는 그런 영광을 준다고 묘사했다.

기독교는 단순히 성육신과 부활만을 믿는다는 의미는 아니었다. 그것은 통과의례나 제례에서, 교회와 국가의 의식들에서, 시, 미술, 건축, 문학과 음악에서, 종교적 삶과 일반 사회의 삶에서도 명백하게 나타난다. 그것은 일종의 풍조였으며, 모든 사안들을 관통하는 정신이었고, 그 사안들을 영적인 구원의 상징으로 만들었다. 샤토브리앙은 그 점을 산문으로 표현했으며 동시대인들의 가슴에 그 의미를 심었다. 데이비드 케언즈(David Cairns)는 1989년 《베를리오즈: 예술가의 탄생 (Berlioz: The Making of an Artist, 1803-1832)이라는 책에서 샤토브리앙의 영향을 다음과 같이 예리하게 묘사했다.

> 그 구체적인 목적을 넘어 《기독교의 진수》는 저자와 프랑스의 남녀 젊은이 한 세대에 공감의 저류를 형성했으며, 그들이 지녔던 광범위한 분야의 감정과 사상들의 상상력에 불을 질렀다. 또한 위대한 서사를 기록하는 작가들의 힘, 엄청난 다양성과 웅장함을 드러내는 자연, 폐허가 주는 시상, 먼 과거의 마법, 오래전부터 대중적으로 지속된 제례와 그에 수반하는 음악의 잊히지 않는 우수(憂愁), 고독한 청년의 영혼이 감당해야 하는 위험과 열정, 그리고 깨어나는 의식의 고통들을 모두 불러 일으켰다. 그 책은 다른 어떤 작품 이상으로 초기 프랑스 낭만주의 문학의 꽃이었다.

알렉시스 드 토크빌 백작(Comte Alexis de Tocqueville, 1805-1859)은 샤토브리앙처럼 젊어서 미국으로 여행을 했다. 루이 필리프 1세 (Louis Philippe) 왕[23]의 명령을 받아 미국의 교정 행정체제

23 1773~1850, 1830년부터 1848년까지 프랑스 왕이었다. 프랑스 혁명에 참여했다 루이 16세의 처형문제로 공화국 지도부와 이견을 보여 스위스로 망명했다가 부르봉 왕정복고로 왕위에 올랐다. 그의 재위 시절은 부유한 산업가와 은행가들이 주도했으며 7월 군주제로도 불렸다.

를 조사해야 했기 때문이다. 그는 미국을 두루 여행하며 미국에는 왜 프랑스 혁명 이후에 초래된 재앙이 발생하지 않았는지 그 이유들을 탐구했다. 그 여행의 결과물이었던 《미국의 민주주의(Democracy in America, 1835)》는 다소 거리를 두고 본 관찰이었으며 민주정치의 겉으로 드러난 형태와 민주 시민의 내적인 세계를 훌륭하게 묘사했다.

토크빌은 영미의 자유주의에 깊은 영향을 받았다. 프랑스 정치라는 관점에선 자신을 혁명가로도 혹은 보수적 성향의 인물이라고도 여기지 않았다. 그러나 그는 유럽에서 민주 정신이 승리한다고 내다보았다. 그리고 프랑스 동포들을 준비시켜 그 승리의 좋은 면은 흡수하고 나쁜 부분은 배척하게 되길 바랐다. 특히 그는 궁극적 가치들의 체계 안에서 자유보다 평등을 앞세우지 않도록 경고하고 싶어 했다.

왜냐하면 사회적 지위의 모든 구분들을 단계적으로 사라지게 만드는 '평등의 원칙'이 현대세계의 원동력이 되어가겠다고 위협했기 때문이다. 평등이 확대되어 가는 흐름은 중세 이후 계속되어 왔으며 프랑스와 미국 혁명을 계기로 그 막바지에 들어섰다고 토크빌은 생각했다. 그에 따르면 현대 사회가 직면한 주요 문제는 전통적인 귀족 지배 체제의 특징이었던 권력의 다양성이 점차 사라져 가는 상황에서 어떻게 자유와 평등을 조화하느냐는 데 있었다. 하층 계급은 모든 사회적 위계와 지역주의, 지역 정서를 부식해가고, 결과적으로 국가의 권력을 전례 없이 중앙으로 집중시키는 중앙집권화가 확대되면서 귀족 계급을 위협했다.[24] 그럼에도 여러모로 미국 헌법을 상찬하는 한편 선견지명이 가득한 설명을 통해 토크빌은 미국 체제가 심지어 완전한 민주정치라는 조건에서도 지방분권적 정부를 진작했다고 인정했다. 그는 또한 미국 헌법이 민주정치의 잘못을 바로잡을 장치를 유지하면서도 민주적 기대들을 담아냈다고 칭찬했다.

토크빌은 영국과 미국의 배심원제 재판이 법원에서 국민이 주권을 행사하게 하는 정치 체제의 하나라고 묘사했다. 그는 또한 미국의 사법적 독립성이 유럽 귀족 정치 체제에 내재했던 정치적 특권과 상응하는 정도의 안정화 작용을 사법부에 부여한다고 보았다. 이러한 제도들 덕분에 평등에의 집착이 가져오는 최악의 결과들을 회피하게 되었다는 설명이다.

토크빌은 또한 그가 '민주적 폭정(democratic despotism)'이라고 부른 현상을 경고했다. 다수의 정서가 소수의 권리를 억누를 만큼 충분히 그 힘을 모을 때 발생하는 일이다. 평등의 정치적 추구는 개개인의 특성, 자기 확신이나 사회적 안정의 상실을 초래하며 따라서 획일성으로 나아가는 경향이 있다. 동시에 무리에서 벗어난 일탈을 하나의 위협으로 보도록 이끌어가기 시작한다. 평등화의

24 왕이나 중앙정부로 권력이 집중되면 귀족과 사회지도층의 권한은 축소되기 마련이다.

과정은 자유뿐 아니라 문화와 지적인 우수성까지 위협한다. 과거의 계급 구분은 점차 자의적으로 보이는 지위의 구별로 대체된다. 계급 구분을 자연스럽게 받아들이게 했던 문화와 여유라는 고상한 특성들도 없애 버린다.

'평등이란 불완전한 환영(imperfect phantom of equality)'이 모두의 마음에 머물러 복종과 명예 그리고 지시할 권한을 파괴하며, 사람들은 점차 사회 질서에서 위안을 발견하지 못하고 자기 마음의 고독에 갇히게 된다. 이러한 파편화 성향은 사람들의 친목모임을 지향하는 미국인들의 특질로 어느 정도 상쇄된다. 그 덕에 미국엔 오래 동안 따뜻한 위계가 만들어지는 클럽, 교회, 각종 단체들이 확산됐다. 이런 식으로 토크빌은 자코뱅 무리들이 프랑스에서 무자비하게 파괴한 '소집단들'을 미국에서 발견했다.

《구체제와 프랑스 혁명(The Old Regime and the French Revolution, 1856)》에서 토크빌은 프랑스 혁명의 원인과 결과를 매우 영향력 있게 설명한다. 그는 혁명은 오히려 형편이 나아지기 시작할 때나 일정한 개선이 이뤄진 후 다시 나빠질 때 발생한다고 주장했다. 이는 많은 사람들이 그 이후의 역사에서 확인했던 견해다. 비록 혁명이 진정한 변화의 속도를 높이지만, 중앙집중화, 관료제, 사회적 위계의 점진적 평준화를 향한 그 변화는 혁명으로 발생하지 않았으며 오히려 혁명에 앞서서 이뤄졌다. 그 변화 자체가 급진화(radicalisation)를 일으키는 주요 원인들의 하나이다. 왜냐하면 역설적으로 그 변화가 예방적 조치들을 가능하게 해주던 옛 특권들을 없애거나 약화시켰기 때문이다. 토크빌은 옛 귀족들이 스스로 권력을 잃어버렸다고 비판했다. 신분제에 안착한 프랑스 귀족들은 정치 사회적 책임을 기꺼이 떠맡았던 영국의 신사계급과 달리 사회적 배타성과 재정적 특권을 얻는 조건으로 정치권력을 기꺼이 내주었다. 그 결과 다수에는 불쾌한 존재가 되면서 스스로를 지키지 못하게 됐다.

메스트르, 샤토브리앙, 토크빌은 모두 독자적인 방법으로 계몽시대의 어떤 측면을 거부했다. 메스트르의 경우엔 인민 주권에, 샤토브리앙은 세속주의에, 토크빌은 평등주의에 맞섰다. 인간의 운명을 완벽하게 장악해야 한다는 혁명가들의 욕구를 공유했던 반면 그들은 모두 프랑스 혁명과 나폴레옹의 부상을 허용한 그 허무적인 유산을 열정적으로 비판했다. 따라서 프랑스의 보수주의는 공격적인 독일 민족주의와 프랑스의 공화적 사회주의가 동시에 부상해 전적으로 그 과제를 변형시킬 때까지 연이어 등장한 군주제와 공화국 체제들을 덜컹거리며 지나갔다. 그러나 사회주의에의 체계적인 대응이라는 보수주의의 새로운 사명은 19세기 말까지도 아직 바람직한 형태를 갖추지 못했다. 19세기 후반 보수적 정신을 장악한 관심사는 달리 있었다. 사회의 생산 형태가 농업에서 산업으로 빠르게 움직여갔기 때문이다. 이 발전은 우리를 다시 영어권으로 되돌아가게 한다. 특히 영국으로 말이다. 그곳에서 산업 혁명이 처음으로 감지됐기 때문이다.

4장

정신과 문화의 보수주의

영국은 1688년에서 1832년까지 유럽의 기준으로는 매우 드문 안정기를 누렸다. 국내 질서는 1745년 제임스 2세 파벌의 반란으로 잠시 흔들렸을 뿐이다. 이 기간 동안 나라는 스코틀랜드, 아일랜드와의 연합법[25] 채택을 포함해 헌정체제에 커다란 변화를 겪었다. 가톨릭 신자들을 괴롭혔던 참정권 박탈이 마지막으로 제거됐고(로마 가톨릭 신도 구제법 Roman Catholic Relief Act, 1829)[26], 1832년의 개혁법(Reform Act)[27]으로 보통사람들의 선거권이 확대됐다. 이 개혁법으로 보수당(Conservative Party)을 포함해 정당들이 창당된

25 1707년 스코틀랜드와 잉글랜드가, 1800년 다시 잉글랜드와 아일랜드의 합병을 공식화한 법률들이 채택됐다.

26 로마 가톨릭 신자의 국회의원 등 공직 진출을 허용한 법률.

27 재산의 보유에 따라 투표권이 주어지던 기준을 완화한 선거법의 개혁으로 유권자의 저변이 확대됐다.

다. 이후 선거권의 확대는 정치 현안에 언제나 빠지지 않고 등장했다.

그렇게 전개된 발전들은 대체로 계몽시대의 자유주의가 옹호한 국민 주권의 확대로 꾸준히 진행해갔다. 그러나 그러한 변화를 가져오는 데 필요했던 국내 안정은 해외 무역과 산업화를 통해 점차 성장해가던 나라의 번영에서 왔다. 그 두 가지 요소들이 대영제국을 완전히 바꾸었다. 해외무역은 역사가 존 로버트 실리(John Robert Seely)[28] 경의 유명한 말처럼 '너무나 무심코(in a fit of absence of mind)' 얻어진 제국의 성장으로 이어졌으며 그와 함께 새로운 종류의 다국적 주권을 확보했다.[6] 사람들이 농촌에서 도시로 이동하고 그들을 받아들이면서 도시가 커져가던 양태의 산업화는 거대한 인구 변화로 이어졌다.

세계 역사의 무대에서 가장 많은 사람들의 입에 오르내린 주인공들인 '노동 계급(working class)'은 이렇게 등장했다. 맨 처음 이들은 땅에서 뿌리가 뽑힌 사람들로 구성됐다. 그들은 농촌에서 올라와 공장 바닥을 채우는 대규모 노동력으로 고용됐고 도시는 그들의 사회적이고 정신적인 필요를 거의 충족시켜주지 않았다. 그러나 수 십 년이 지나면서 노동계급은 그 자신만의 정착을 이뤘고 그들만의 문화와 동질감을 만들어가면서 의회에서도 자신들이 대

28 1834~1895, 영국의 자유주의 역사학자.

변되길 요구했다. 그리고 차티스트 운동[29]에서 그 대변자를 획득했다. 이 계급을 설명하는 사회 이론들과 그들을 변호하는 정치 강령들은 당대의 토론에서 중심적 지위를 차지했다. 19세기를 지나며 이런 이론들과 강령들은 사회주의 운동으로 뭉쳤다. 20세기로 넘어가면서 보수주의는 자유주의에 맞서 스스로를 규정하기 보다는 노동계급을 대변하는 사회주의, 특히 국가의 사회주의적 개념에 맞서는 데 주력했다.

그러나 한편으로는 또 다른 형태의 보수주의가 부상했다. 정치 제도들이나 정부의 권력을 그 주요 주제로 삼기보다는 문화에 초점을 맞춘 보수주의였다. 18세기말과 19세기 초 인구 이동의 결과로 사람들은 종교적 또 사회적 뿌리에서 분리되었으며 그 결과 압도적으로 시골스러운 기관이었던 영국 성공회는 그 지배적 지위를 상실했다. 비국교도 교회들이 도시에서 생겨나기 시작했다. 대체로 가톨릭이었던 아일랜드에 잉글랜드, 웨일스, 스코틀랜드인들과 동일한 정치적 지위를 준 1800년 아일랜드와의 연합법이 채택된 이래 가톨릭 신자 해방의 요구도 강화되어갔다. 영국의 작가들은 샤토브리앙을 자극했던 위대한 질문들을 뒤늦게 다루기 시작했다. 시민 사회에서 기독교의 지위를, 교회와 국가 사이의 관계를 묻는 질문들이었다.

29 1839년 노동계급이 보통선거, 비밀선거, 선거구별 유권자 수 평준화, 의원의 재산 자격 금지 등 인민 헌장(People's Charter)을 내걸고 전개하기 시작한 대중운동이다.

이런 현상은 급진적 개혁을 요구한 운동이 새로운 방향으로, 또 자유주의에서 벗어나 포괄적인 사회 계획을 옹호하는 쪽으로 움직여갔을 때 벌어졌다. 프랑스 혁명을 반대했던 사람들의 눈에도 산업혁명으로 구체제가 급속하게 휩쓸려나가는 현상은 뻔히 보였다. 시민사회의 변화에 부응하려면 그 어느 때보다 낡은 제도들을 개혁할 필요가 있었다. 프랑스에서는 언제 어느 때 등장하는 인간 사회라도 모두 관리하겠다는, 원대하고, 종종 이상향을 추구하는 풍조가 번져갔다. 그런 구상들은 더 이상 개인의 자유를 주요 정치적 가치로 언급하지 않았다. 오히려 '이성'과 '진보'를 옹호했다. 프랑수와 마리 찰스 푸리에(François Marie Charles Fourier, 1772~1837)가 옹호한 나눔의 공동체로 향하는 진보, 혹은 클로드 앙리 드 루브루아 생시몽 백작(Claude-Henri de Rouvroy. Comte de Saint-Simon, 1760~1825)의 저작에 나타난 대로 사회주의 원칙에 기초해 위에서부터 아래로 재 조직화된 사회로 나가는 진보였다. 이러한 진보적 견해들은 생시몽의 비서인 오귀스트 콩트(August Comte, 1798~1857)가 만들어낸 일종의 세속적 종교에 흡수되었다. 콩트는 '사회학'이라는 용어를 창안한 사람이고 실증주의라는 학파를 건립한 인물이다.

비록 조금 더 완만했지만 유사한 변화가 영국에서도 발생했다. 그 결과 자유주의에서 멀어져 '공리주의'라는 새로운 철학으로 나아갔다. 공리주의는 자유가 아니라 행복이 도덕과 법률의 목표라고 주장했다. 그 주요 대표자는 제러미 벤담(Jeremy

Bentham, 1748~1832)이었다. 그는 자연권이라는 자유주의적 사상에 반대했으며 법률은 보통 사람의 행복을 증진하는 결과로 정당화되어야 한다고 주장했다. 그는 행복이 무엇인지 기괴하게도 정량적으로 묘사해 보여주었다. 그의 저서 《도덕과 입법의 원리 서설(Introduction to the Principles of Morals and Legislation, 1789)》은 정치 개혁가들이라는 새로운 종족들의 경전이 되었다. 그들 중에는 '철학적 근본주의자'를 자처한 사람들의 지도자 제임스 밀(James Mill, 1773~1836)과 그의 아들 자유주의 철학가 존 스튜어트 밀(John Stuart Mill, 1806~1873)도 있었다.

따라서 19세기 초 보수 성향의 사상가들은 더 이상 자유주의나 국민주권을 자신들의 공격목표로 삼지 않았다. 그들의 불안감은 오히려 종교적 뿌리의 상실, 산업혁명의 비인간적 효과, 그리고 안정됐던 예전의 생활방식에 가해진 폐해를 바라보며 커져갔다. 도덕과 법의 모든 문제를 계산만 제대로 하면 풀리는 수학문제로 취급하는 듯 보였던 '진보적' 의견에 급속하게 쏠리는 현상도 우려스럽긴 마찬가지였다. 이런 상황 모두는 새로운 세기가 시작되면서 소중한 무언가가 위험에 빠졌다는 의식을 낳았다. 그 결과 산업사회의 고독과 소외의 치유책은 문화이며, 사회 개혁을 새로이 옹호하는 사람들 때문에 그 문화에 가장 큰 위협이 가해진다고 주장하는 운동이 지적인 보수주의 흐름 안에서 발생했다. 그 운동은 콜리지(Coleridge)와 함께 시작됐고 존 러스킨(John Ruskin)과 매튜 아놀드(Matthew Arnold)를 거쳐 20세기 영국의 엘리엇(T. S. Elliot)과

리비스(F. R. Leavis), 그리고 동년배였던 미국의 '남부 농민 문학가들(Southern Agrarians)'에까지 이어졌다.

시인 사무엘 테일러 콜리지(Samuel Taylor Coleridge, 1772~1834)는 칸트와 초기 독일관념론자들의 철학적 세계관을 빌어 처음으로 영국의 사회조건을 평가한 인물 중 하나다. 따라서 영국 실증주의의 특징인 파편화된 사회적 관점에 맞서는 시각을 견지했다. 그는 특히 벤담의 공리주의적 이론들에 적대적이었다. 인간의 가치는 벤담이 말한 '행복을 측정하는 계산법(felicific calculus)'으로 파악되지 않는다고 주장했다. 벤담의 계산법은 인간 행위의 가치를 그 실행의 결과로 찾아오는 쾌락과 고통의 차원에서만 측정한다. 콜리지는 또 과학적 지식으로 추동(推動)되고 직선적으로만 움직인다고 파악하는 인간의 진보를 거부했다. 동시대의 계몽된 합리주의자들이 사회의 진정한 유대를 형성하는 사람들 사이의 본능적 관계를 무시한다고 느꼈기 때문이다.

종교에 구현된 정신을, 계몽운동의 사고방식이 수많은 교회에서 몰아낸 바로 그 정신을 찾아간다는 점에서 콜리지는 샤토브리앙에 가까웠다. 그러면서도 빈곤을 구제하려면 정부가 경제에 개입해야 하고, 자신들의 탓이 아니라 태어날 때부터 기회를 박탈당한 사람들에게 사회적 부의 일부를 나누어주어야 하며 교육도 제공해야 한다고 생각한 수많은 영국 사상가들의 선두에 있었다. 쉽게 말하면 고삐 풀린 시장경제에는 반대했다. 그런 점에서 콜리지는 차세대 문화 보수주의자들이 추구했던 과제를 미리 던져 준 셈이다.

콜리지는 영국 국교회주의의 제도들을 옹호했다. 그리고 《교회와 국가의 구성에 관하여(On the Constitution of the Church and State, 1830)》에서 정치질서와 헌정체제의 요구들을 종교 제도들에 구체화된 보다 본능적 필요들과 조화시키려 노력했다. 다른 곳에서와 마찬가지로 여기서도 그는 명시적 법률과 묵시적인 사회적 감정 사이를 중재하는 필수불가결한 존재가 문화라고 옹호했다. 그러면서 '문인 사회(clerisy)'나 지식인 계층의 정치적 중요성을 강조했다. 그 계층에 한 국가의 문화가 깃들어 있고, 그들은 그 문화가 인도하는 대로 결정을 내리며, 국민들의 더 깊고 묵시적인 본능에 발맞추어 행동하기 때문이란 이유였다.

> 한 국가나 혹은 국교회에 속한 문인 사회(clerisy)는 그 주요한 통념이나 원래의 의미에서 모든 분야의 지식인들을 망라한다. 말하자면 법이나 사법부의, 의학과 생리학의, 음악의, 군(military)의, 도시공학의, 물리학의 현인이나 교수들이다. 이들은 모두 공통적으로 수학적 정확성을 겸비했다. 간단하게 말해 소위 모든 인문학이나 과학의 보유가 한 나라의 문명과 신학을 구성한다.

이 구절은 콜리지 사상의 감정에 이끌리는(impulsive) 특성과 함께 지식인의 역할을 보는 대단히 현대적인 믿음을 보여준다. 영국에서 그는 누구보다 앞서 진정으로 지식인을 옹호했다. 비록 기성 교회를 바라보는 그의 관점이 다소 중세적이긴 했지만 말이다. 문화의 필수불가결성을 옹호한 그의 주장은 19세기의 다양한 문화 보수주의적 표현들을 형성했다. 또한 존 스튜어트 밀(J. S. Mill)을 깨우쳐 공리주의 신조의 결함에 눈뜨게 했다. 콜리지의 중요성은 부분적으론 그가 영국의 실증주의가 아니라 독일 관념론에 의지해 정치적 인간의 총체적인 모습을 그려내려 시도했다는 데 있다. 불행하게도 그는 헤겔의 논리학을 읽었지만 제대로 이해하지 못한 듯하다. 헤겔의 법철학은 아예 읽지도 않은 듯했다. 읽었더라면 그의 지적인 목적을 명료하게 만들어주었을 텐데 말이다.

문화 보수주의의 과제는 영국의 가장 위대한 대변자 존 러스킨(John Ruskin, 1819~1900)의 글에서 보다 선명해졌다. 작가이자 화가이며 사회비평가이기도 한 그는 기독교의 유산과 그 유산의 대체하기 힘든 가치를 보는 대단히 정교하고 이중적인 관점을 제시했다. 러스킨은 그가 주목한 거의 모든 사물들의 영적인 의미를 세밀하게 묘사한 덕분에 미학적 삶의 방식을 이끄는 가장 뛰어난 사제가 되었다. 따라서 명승 사적 보존단체인 내셔널 트러스트(National Trust)[30]와 고 건축물 보존회(Society for Preservations of Ancient Buildings) 같은 현대의 각종 보호 단체들은 러스킨에게서 그 창립의 영감을 얻었다.

30 1895년에 설립되어 회원이 6백만 가까지 되는 문화유산보호 자선단체다. 아름다운 자연 경관과 역사적 명승지를 위한 국민 신탁(National Trust for Places of Historic Interest or Natural Beauty)이 정식 명칭이다.

러스킨은 그의 문학적 경력을 그림과 건축물을 다룬 탁월한 책, 《현대의 화가들(Modern Painters, 1843~1860)》과 《베니스의 돌(The Stone of Venice 1851~1853)》 등으로 시작했다. 그러나 그 작품들은 이미 그의 진정한 소명이 윤리학이나 사회비평에 있음을 드러냈다. 러스킨은 과거의 예술에서 영적인 전체성과 사회적 결속을 보았으나, 그것이 산업자본주의 세계에서 사라져간다고 걱정했다. 그는 삶의 가장 가치 있는 측면은 이익을 추구하는 동기와 시시콜콜 손익을 따지는 태도를 초월해야 얻어진다고 믿었다. 그러나 기계의 시대는 노동을 단지 수단으로 전락시켰다. 기계의 시대는 여가에도, 따라서 예술에도 같은 짓을 저질렀다. 중세의 장인들에게 노동은 신앙심에서 비롯된 행위였으며, 신의 눈으로나 그들의 눈에 성스럽게 보였다. 그러한 근로자들에게 수단과 목적은 하나였다. 또 신앙의 영적인 전체성은 그들 작업물의 순수성과 시각적 온전함으로 표현됐다. 그러므로 그들 작업의 결과물은 예술 작품일 뿐 아니라 인류의 영적 구원이라는 현실을 지구상에서 영원히 증언하는 존재이다.

그러한 개념을 토대로 러스킨은 당대의 거의 모든 건축물을 비판했다. 이익을 추구하는 기계의 감흥 없는 생산물에 지나지 않는다고 보았기 때문이었다. 그러면서 건축의 고딕 복고(Gothic Revival)[31]를 지속적으로 또 열정적으로 옹호했다. 그는 치열한 반

31 신고딕 양식이라고도 하며 1740년대 영국에서 시작됐다. 19세기 초반부터 급격하게 커지기 시작했으며 신고전주의 건축과 대조적인 중세 건축 양식의 복구를 추구하던 풍조다.

공리주의자이자 반 자본가였으나 사회주의자들이 품었던 평등과 물질 중시의 가치를 비판하는 글을 쓰면서 사회주의와도 거리를 두었다. (그가 스스로 말했듯이) 러스킨을 토리(Tory)라고 묘사하는 편이 더 정확할지 모른다. 비록 대단히 특이하고 낭만적인 부류여서, 신교도로 나타난 샤토브리앙이지만 그 프랑스인의 지극히 남성적인(sexual) 용맹함은 두드러지게 보이지 않던 사람이었다. (여성들의 범접하기 힘든 순수함과 소중함, 따라서 그들의 어린아이 같이 숨겨진 실재에 집중하는 러스킨의 고통스러운 여성관은 발가락이 오그라드는 문장들을 만들어내기도 했다.)

러스킨의 개념들은 예술에서, 미학적 유물들의 도덕적이고 영적인 중요성을 보는 그의 눈부신 통찰에서 왔다. 그러나 그는 비타협적 엘리트주의를 드러내며 이러한 개념들을 사회적 영역에도 적용했다. 그의 사회적 저작들은 그의 동포들에게 기독교의 도덕과 경건한 작품들을 가르치고 그 자신은 정작 반쯤만 믿었던 그 신앙을 받아들이도록 촉구한 평신도의 설교였다. 그는 (페미니스트에게는 충격적으로) 성의 차이점들을 집중적으로 다뤘다《참깨와 백합(Sesame and Lilies, 1865)》. 그리고 근로 계급에겐 그들의 권리가 아니라 의무가 적힌 진술이 필요하다고 여겼다(《Fors Clavigera》[32], '영

32 Fors Clavigera는 인간의 운명을 형성하는 세 개의 위대한 권능을 지칭하고자 러스킨이 붙인 제목이라고 한다. 헤라클레스의 곤봉(clava)이 상징하는 힘, 율리시즈의 열쇠(clavis)가 상징하는 용기, 리쿠르구스의 손톱(clavus)이 상징하는 행운이 그 세 개다. 이 세 가지 권능(Fors)은 적절한 순간 있는 힘을 다해 때려내는 인간의 능력과 재주를 나타낸다. 러스킨은 필요한 때에 전력을 다해 노동자들에게 필요한 말을 하고자 한다는 의미로 이 제목을 붙였다.

국의 노동자와 근로자들에게 보낸 일련의 공개편지'들로 1870년대에 출판됐다). 그의 세심하게 가다듬어진 문체는 때로 감상적이었으며, 문장의 모든 운율에서 인류에 느끼는 깊은 실망감과 함께 자신의 삶이 시작되었던 천사와 같이 평화로운 기억을 표현한다.

많은 사람들은 보수주의가 고도로 정교한 한탄에 지나지 않는다고, 우리 모두의 마음에 깊이 들어박힌 어린 시절을 그리워하는 마음을 정치의 언어로 번역해 놓았을 뿐이라고 질책한다. 러스킨의 산문들은 그런 비판에 일말의 실체를 부여한다. 그러나 다행스럽게도 그는 현대 경제와 현대 국가를 마주해 문화 보수주의를 옹호한 가장 널리 알려졌거나 유일한 인물이 아니다. 그와 동시대 인물인 시인 매튜 아놀드(Matthew Arnold, 1822~1888)역시 문화 보수주의를 대변했다. 그는 고딕 성당이라는 매혹적인 세계를 만들어냈고, 영국 문화의 궁극적 근원이기도 한 신앙이 회복되리라고 뻔뻔스럽게 스스로를 속이지는 않았다. 그의 위대한 시 '도버 해변(Dover Beach, 1867)'에서 그는 '신앙의 바다(Sea of Faith)'와 그 '우울하고, 길게 잦아드는 함성'을 언급한다. 현대인들이 그들 자신의 능력에서, 특히 개인적 사랑에서 외적인 안정을 가져올 내적 질서 유지의 방법을 발견해야 한다는 주문이었다. 그는 우리가 문화의 유산을 존중해야 한다고 믿었다. 우리에게 문화유산을 뒷받침해줄 종교적 신앙이 있든 없든 그 유산이 우리가 필요로 하는 사회적 지식을 주기 때문이다.

《문화와 무질서(Culture and Anarchy, 1869)》에서 아놀드는 문화를 '관심이 가장 많이 가는 모든 문제들과 관련해 세상에서 가장 잘 생각되고 말해진 내용을 알아내고, 그 지식을 통해 우리에게 쌓여있는 개념들(stock notions)과 습관들에 신선하고 자유로운 사상의 물줄기가 흐르게 하는 방법에서 총체적인 완벽을 추구하는 일'이라고 정의했다. 아놀드는 문화, 문화에의 접근성은 정치권력이 올바른 방향으로 나아가는데 필수적이며, 그것이 없다면 인간 행위의 목적들이라는 진정한 개념은 불가능하며 오직 수단의 기계적 집착밖에 남지 않는다고 주장했다. 그는 19세기 자유주의와 공리주의의 수많은 '정태적 개념들'을 비판했다. 인간의 진보를 물질주의, 합리주의, 개인주의적 시각에서만 바라보았다는 이유 때문이었다.

수많은 자유주의 사상이 의지한 자유라는 개념은 아놀드에게 너무 추상적으로 보였다. '타기에 매우 좋은 말이지만, 타고나서 어딜 가야할지 모르는' 그런 자유라는 이름만으로 국가를 반대해야할 진지한 이유는 없었다. 국가는 '국민을 대변해 행동하는 권력'이기에 자유의 확보뿐만 아니라 질서의 유지에도 모두 다 작동하는 권력을 가져야만 한다고 그는 주장했다. 그런 권력이 없다면 국민들의 삶은 반드시 이런 저런 계급의 이해로 휘둘리게 된다. 그런 계급을 아놀드는 셋으로 구분했다. '예의 없는 속물(barbarians)' 혹은 귀족 계급, 인습에 젖어 편협한(philistines) 사람 혹은 중산층, '천민(populace)' 혹은 노동계급이 그 셋이다. 정치 질서가 각 계급의 이해로 휘둘릴 때 그 결과는 무정부 상태다. 그러나 각 계급 안에는 무정부 상태를 거부하고, 공공의 질서와 공동선에 헌신하려는 정신이 있다. 문화는 이런 정신을 일깨우고, 배양하며, 다듬는다. 따라서 정치 질서를 획득하려면 국가는 반드시 문화의 전파를 보장해야 한다. 말하자면 인문 교육이 가능한 한 가장 광범위하게 반드시 시행되어야 한다는 의미다.

아놀드는 잠시 장학사였던 때가 있었다. 보편적인 교육 체제를 요구한 법령이 효력을 발휘하던 매우 중요한 기간이었다. 그는 자기 아버지와 같은 신념을 지녔다. 럭비(Rugby)[33]교의 유명한 교장이었던 부친 토마스 아놀드(Thomas Arnold)는 사회 질서가 '인성(character)'에 달려있고, 학교의 진정한 소명은 그런 인성을 길러내는 일이라고 생각했다. 매튜는 당시 재산을 보유했거나, 산업계의 지도자나, 관료들을 지칭하는 중산층(philistines)의 공리주의적이고 기술을 중시하는 태도가 사회의 장기적 조화에 위협이 된다고 보았다. 왜냐하면 내재하는 가치를 소중하게 생각하는 의식을 그런 태도가 좀먹어가기 때문이다. 진정한 교육은 학생에게 미술, 문학을 비롯해 인류의 학문적 성과에서 '지금까지 말해지고 생각된 최고'를 소개해 내재적 가치를 소중하게 생각하는 의식을 회복하는 일이다. 비록 아놀드의 보수주의는 개인주의를 비난한 버크의 그것을 반복하고 버크와 다르지 않은 관점에서 계속성과 전통을 강

33 1567년에 건립된 영국의 가장 오래된 공립 중등 기숙학교의 하나. 운동경기 럭비가 탄생한 학교라고 한다.

조했지만 그의 진정한 공격 목표는 자유주의라기보다는 물질적 '진보'를 기계적으로 믿는 신념이었고, 새로운 종류의 사회 개혁가들이 내세운 공리주의적 가치들이었다.

러스킨과 아놀드가 글을 썼을 무렵인 빅토리아 시대의 인구와 경제엔 대대적인 변화가 나타났다. 1867년의 국민 대표 법(Representation of the People Act) 채택과 더불어 노동계급의 상당수가 투표권을 획득했다. 보수적 사상가들은 대개 투표권의 확대를 수용했으며 소설가이자 두 차례 총리에 선출된 보수 정치인 비콘스필드(Beaconsfield) 백작, 벤자민 디즈레일리(Benjamin Disraeli, 1804~1881)가 그 법의 의회 통과를 주도했다. 그가 1845년에 펴낸 소설, 《시빌(Sybil)》, 혹은 《두 개의 나라(The Two Nations)》 서문에서 밝힌 철학을 널리 확산해간다는 차원이었다. 그 서문에서 디즈레일리는 공장을 소유한 사람과 그 공장에서 일하는 사람들로 왕국이 분열되었으며 그들이 공유하는 하나의 '나라(one nation)'에 그 계급들을 통합할 필요가 있다고 썼다. 전반적으로 문화 보수주의자들은 산업혁명에 보인 디즈레일리의 유보적 태도와, 가난한 사람들을 구제하려면 국가의 적극적 개입이 필요하다는 그의 믿음을 공유했다. 그럼에도 그들은 정신적인 사안들인 교육과 예술, 그리고 미학적 가치들이 소중하다고 여겼다. 동시에 그들 모두에겐 정치적 과제의 최우선은 공리가 아니라 아름다움이었다.

이는 20세기 문화 보수주의자들 사이에서도 명확했던, 흥미로운 역설로 이어졌다. 문화 보수주의는 사라질 위협에 빠진 삶의 방식이라는 경험에서 비롯된다. 그런 삶의 방식이라는 기억은 보존되고, 그 정신적 의미는 예술 작품들에 담아진다. 그러나 그런 삶의 방식 자체는 쉽게 보호되기 어렵다. 그렇다면 우리는 죽어가는 삶의 양식을 보조해달라고 국가에 호소했어야 했는가? 올더스 헉슬리(Aldous Huxley)의 소설, 《용감한 신세계(Brave New World)》에서처럼 야생 공원들을 인위적으로 세워서 말이다.. 소설의 그런 야생 공원들엔 경찰력으로 민감하게 통제된 지역 너머 존재하는 세계를 알지 못한 채 어렵사리 꾸려가던 농민들의 삶이 있었다. 혹 그게 아니라면 우리가 곧 상실하게 될 그 삶에 담긴 개념(idea)에 헌신해 그것을 예술에 살려두려 노력했어야 할까? 마치 슈트라우스(Strauss)와 폰 호프만슈탈(von Hofmannsthal)이 《장미 기사(Der Rosenkavalier)》[34]에서 멋있게 포장된 귀족 생활의 매혹을 지속시키려했듯이, 혹은 로렌스(D. H. Lawrence)의 소설 《아들과 연인(Sons and Lovers)》이 옛 탄광촌의 긴밀한 유대감을 찬양했듯이 말이다. 그렇다면 그런 예술 작품은 누구를 상대로 만들어져야할까? 반드시 그런 옛날 방식의 삶을 상실했다고 여기거나, 미학적 형태로만 그런 삶이 보존된다고 의식한 사람들이어야 한다. 그러나 세계에 실재하는 현실이 아니라, 하나의 개념으로 그들의 생활 방식을 보호해야 한다면 실천가들에게는 사실 아무런 의미가 없다. 조금 더 잔인하게 말하자면 문화는 이미 상실되고 말았을 때 보존의 대상

34 리하르트 슈트라우스(1864~1949)가 작곡한 3막의 코미디 오페라다. 호프만슈탈이 몰리에르의 희곡 등을 모체로 독일어 대본을 완성했다. 1911년 초연됐다.

이 된다.

그렇다면 우리가 진정 높이 평가하는 대상은 삶의 방식을 숙고하는 전통-미술, 문학, 음악을 통해 영원을 얻으려는 노력-이 아닐까? 교양 없는 공리주의자나 진보주의자로부터 바로 이것을 보존하고 싶은 게 아닌가? 그들의 공허한 물질주의 탓에 우리가 진정한 정신적 유산에 등을 돌리지 않도록 말이다. 전투가 벌어져야 할 곳은 바로 이 '고급 문화(high culture)'의 영역 아닌가? 그런 질문을 곰곰이 따져보면서 문화 보수주의의 명분은 강화됐고 교육과정을 둘러싼 싸움으로 번져갔으며, 그 안에 녹아든 사상과 감정을 회복하려는 시도가 되었다.

정치에서 예술적 실천으로 관심이 이전된 사례는 영미의 시인 토마스 스턴즈 엘리엇(Thomas Stearns Eliot, 1888~1965)이 가장 탁월했다. 그의 시, 희곡, 수필은 20세기 보수주의 철학에 근본적인 영향을 미쳤다. 엘리엇은 문학의 모더니스트였으며 빅토리아 말기의 의고체(Victorian archaisms)에서 영시를 구해내 유럽문학의 주류로 돌려놓는 일에 동시대 작가 그 누구보다 크게 기여했다. 그는 간결하고 암시적인 문체를 개발했으며, 시인 보들레르(Baudelaire)와 라포르그(Laforgue), 그리고 프랑스 상징주의의 영향을 많이 받았지만 그가 본 현대 문명의 정신적 위기에 직접 맞섰다. 〈황무지(The Waste Land, 1922)〉에서 엘리엇은 도시의 척박한 정신적 풍경을 상기시켰으며 1차 세계 대전의 공허한 승리에 뒤이은 상실감과 공허감을 불러일으켰다. 그 결과 잊기 힘든 어떤 장소의 이미지를 제시했다. 하나의 문명과 사회가 새로워지리란 분명한 희망도 없이 허공에 정지된 모습이었다. 그 시는 〈더 크라이테리언(The Criterion)〉 창간호에 실렸다. 이 잡지는 엘리엇이 자신의 독특한 문학적 견해를 전파할 목적으로 런던에서 창간했다. 그런 관점에서 엘리엇은 영국 고전의 기둥을 다시 세우고 과거의 문학에서 무엇을 중요하게 여겨야 하느냐는 지식인들의 시각을 전적으로 변화시켰다.

비록 〈황무지〉가 정신적 폐허라는 상황을 눈앞에 선명하게 떠올리도록 해주었지만 그 안엔 종교적이고 문학적 암시도 충만했다. 따라서 이 폐허는 그 안에 오직 무언가 있었기 때문에 인지된다는 느낌을 만들어냈다. 이상적인 질서, 정신적으로 충만한 상태, 그러한 사안들을 구현한 예술적 전통을 통해 그 폐허가 인지되고 아마도 새로워질지 모른다는 의미였다. 곧 엘리엇은 영국 국교로서의 가톨릭(Anglo-Catholic)[35]이라는 종교의 매력에 빠져 성공회 교회의 제례와 강령을 명료하게 설명해주는 호교론자가 되었다. 그리고 현대 사회의 무신앙과 싸우는 정신적 수단을 획득하려면 고급 문화(high culture)로 일종의 피정을 해야 한다고 변호했다. 1939년 2차 세계 대전이 발발하기 전에 발행된 책, 《기독 사회

35 Anglo-Catholicism은 영국 국교회 가톨릭이나 가톨릭 성공회주의 등으로 불리며 영국 국교회에서 가톨릭의 유산과 독자성을 강조하는 성공회 내의 인물들이나 신념과 실천 등을 지칭한다.

라는 개념(The Idea of a Christian Society)》에서 엘리엇은 유럽 문명이 총체적 파멸의 낭떠러지에서 되돌아와 또 다시 기독교적 유산을 끌어안으려면 반드시 있어야 할 사회 구조와 제도들의 윤곽을 제시했다. 엘리엇은 그것이 유럽의 생존을 보장해주는 유일한 방책이라고 믿었다. 그리고 《네 개의 사중주 (Four Quartets, 1943)》에서 그는 대단히 박력있는 문체로 수도사처럼 그 전망을 제시한다. 이는 전후 수 십 년간 보수주의 사상을 형성하는 데 도움을 주었다. 그 시의 한 메시지는 우리의 일상생활에서는 이미 죽었거나 매몰됐다고 보이는 정신적인 전통이 성스러운 장소와 상징에서는 여전히 끈질기게 존속한다는 주장이었다. 그 전통이 국가나 우리 자신의 사회적 소속감을 드러내준다. 그 전통에 우리의 가슴을 열고, 현재의 순간을 지나간 시간의 잔류물로 채워서 우리는 우리가 잃어버렸던 그 무엇을 되살려 낸다.

문화 보수주의는 문학을 통해 더 큰 문제를 연구하도록 장려했다. 지난 백여 년 간 보수주의자가 하고 싶었던 이야기를 구체화하는 과정에서 마주쳤던 과제였다. 전통이나 질서, 현실주의, 진정성 등의 개념들은 정치적 토론의 공간에 적용될 때는 대책 없이 불투명하고 다양해보였다. 그러나 문학 비평에서는 그 개념들의 사례가 제시되고 가치들이 탐구되는 기능을 했다. 정치 환경에서는 너무 자주 흔들리는 길처럼 보이던 정론이 문학에서는 분명한 여정을 드러냈다. 그리고 보수주의의 모든 영역에서 너무나 필요한 중심과 권위라는 개념들이 예술의 세계에서는 분명하게 적용된다.

바흐, 미켈란젤로, 톨스토이, 셰익스피어 등은 예술에서 결코 무시되거나 거부하지 못할 기준이 되었다.

수필집 《성스런 숲(The Sacred Wood, 1921)》에 실린 유명한 수필, 〈전통과 개인의 재능(Tradition and the Individual Talent, 1919)〉에서 엘리엇은 예술가에게 요구되는 독창성과 진정성은 별개로 획득되지 않는다고 주장했다. 모든 새로운 작품들은 그에 여지를 만들어준 전통을 통해 표현력을 획득한다는 말이다. 모든 영역에서 전통은 옛 것을 새 것에, 새 것을 옛 것에 끊임없이 적용하는 과정이다. 전통이 없다면 독창성은 뚜렷하지도 진정으로 눈에 띄지도 않는다. 전통을 보는 이런 진화적 견해는 시민 사회 전반에도 분명 적용가능하다. 이 수필은 문학 비평과 시의 창작에 심오한 족적을 남겼다. 그러나 정치 철학가들도 그 교훈을 배우고 되새겼다.

영국 문학계에서 문화 보수주의자들은 한동안 지배적인 지위를 누렸다. 그들은 보수주의자를 향수에 젖은 괴짜들이라고 폄하한 조지 버나드 쇼(George Bernard Shaw)[36]같은 '진보주의자'들과 공개적으로 적대 관계에 있었다. 보수주의자들의 중요 작품들로는 기독교를 옹호한 체스터턴(G. K. Chesterton)의 《정론(Orthodoxy 1908)》, 《불후의 인간(The Everlasting Man, 1925)》, 루이스(C. S. Lewis)가 2차 세계 대전 전시에 했던 라디오 방송 원고에 기초한 《순전한 기독교(Mere Christianity, 1952)》 등이 있다. 체스터턴의 분위기는 쇼

36 1856~1950, 아일랜드 극작가 겸 소설가.

의 진보적 사회주의에 신랄하게 반응한 그의 글에서 엿보인다.

> 수많은 사람들을 수많은 세월 동안 진보적이지 못하다고 나무란 다음에서야 쇼 씨는 특유의 판단력으로 현존하는 두 다리 달린 인간이 진보적이기는 대단히 어렵다는 사실을 발견한다. 인간성이 진보와 결합되기 어렵다고 생각하게 된 대부분의 사람들은 이에 쉽게 납득해서 진보를 포기하고 인간다움 안에 남기로 한다. 그러나 쇼 씨는 쉽게 납득이 되지 않았기 때문에 한계로 점철된 인간성을 인정하기보다는 진보를 위한 진보를 얻으려 나아갔다. 우리가 이미 잘 알 듯 인간에게 진보의 철학이 더 이상 불가능해지자, 쇼 씨는 새로운 철학이 아니라 새로운 부류의 인간을 요청한다. 그것은 마치 쓰디쓴 음식을 어린아이에게 몇 년간 먹이다 적합한 음식이 아니라는 사실을 뒤늦게 발견한 간호사가 그 음식을 내다버리고 새로운 음식을 요청하기보다는 아이를 창문 밖으로 내던져 버리고 새로운 아이를 요구하는 셈이나 마찬가지다.《이단자(Heretics, 1905)》

엘리엇의 문학적 성취에 뒤이어 문화 보수주의의 가장 최신 물결이 영국 교육을 휩쓸었다. 이는 문학 비평가 리비스(F. R. Leavis, 1895~1958)의 업적이다. 그는 자신이 1933년에 창간한 〈스크루티니(Scrutiny)〉라는 잡지,《교육과 대학(Education and University, 1943)》같은 저서들을 통해 산업혁명 이래 영국의 문화적 유산에 엄청난 피해를 초래한 '벤담의 기술중심적' 사고방식에 맞서는 대책의 일환으로 영어를 가르쳐야 한다고 주장했다. 단지 언어와 본능적 문화의 무게를 공부한다기보다 영문학의 '위대한 전통'을 폭넓게 또 비판적으로 숙고하는 학문으로 수립된 영어 과목이 인성 교육의 중심이 되어야 한다는 요구였다. 그 영어 과목은 학생들에게 공리주의자들과 학자들이 공모해 과소평가해버린 유기적 공동체로 되돌아가는 길을 제공하고 현대 세계에서 진정으로 중요한 무엇에 젊은이들이 가슴을 열도록 한다. 그 무엇은 바로 헨리 제임스(Henry James)[37]가 묘사했듯이 '느껴진 삶(felt life)'의 지속이며 우리 전통의 위대한 작품들에서 풍성하게 발견되는 필수품이다. 진정한 문학은 독자들에게 (리비스가 상정했듯) 대중문화라는 얄팍한 방식처럼 삶의 감상적 대용물이나 속임수를 제공하는 게 아니라, 신실하고 직접적이며, 대지의 정신에 물든 삶 그 자체를 제공한다.

리비스는 종교적인 사람이 아니었다. 그는 엘리엇이 나중에 영국 가톨릭(Anglo-Catholic) 국교 신앙으로 돌아선 사정도 의심스러워했다. 또 자신을 보수주의자로 묘사하는 견해를 단호하게 거부했다. 그러나 그의 중요한 저작물들인 《영국 시의 새로운 결실(New Bearings in English Poetry, 1932)》, 《재평가(Revaluation,1946)》, 《위대한 전통(The Great Tradition, 1948)》들은 콜리지(Coleridge), 러스킨 (Ruskin), 아놀드(Arnold), 엘리엇 (Eliot) 등이 언급했던 바로 그 내용을 다루었다. 그러한 저작들이 잉글랜드와 스코틀랜드의 한 세대에 걸친 교사들에게 미친 영향은 막대했다. 그리고 '리비

37 1843~1916, 미국에서 태어난 소설가.

즘(Leavism)'은 한동안 영국 학교에서 눈에 뜨이는 운동이 되었다. 리비스의 철학에 동조한 영국의 교사들은 판단이 엄격했고, 정론에서 조금이라도 벗어나면 쉽게 충격을 받았으며 보통 사람들과 그들의 문화를 청교도적으로 바라본 견해를 충실하게 전달했고, 영어가 모국어인 땅의 진정한 유산을 대변하는 사람들로서 번연(Bunyan)[38], 워즈워스(Wordsworth)[39], 로렌스(D. H. Lawrence)[40]를 높이 평가했다.

영국과 그 제국에 대단히 중요한 의미가 있었지만 문화 보수주의는 영어권 국가에 국한되지 않았다. 계몽시대에 반기를 든 움직임은 유럽 전체에서 느껴졌다. 또 중부유럽의 독일어권 국가들에서는 19세기 무렵 문화적 삶을 지배한 낭만적 민족주의(nationalism)의 첫 번째 물결로 이어졌다. 여기서 지도적 인물은 철학자이자 비평가인 요한 고트프리트 폰 헤르더(Johann Gottfried von Herder, 1744~1803)였다. 그는 국민의 역사적 정체성과 공통의 경험을 담아내는 언어의 리비스적 관점을 진정으로 창시한 인물이었다.

1762년에 10대 소년이었던 헤르더는 쾨니히스베르크(Königsberg)에서 열린 칸트의 강연에 참석했다. 그는 정치질서를

38 1628~1688, 영국의 특수 침례교 목회자이자 《천로역정》 등 여러 작품을 집필했다.

39 1770~1850, William Wordsworth 영국 낭만주의 시인이다.

40 1885~1930, 《차타레이 부인의 사랑》 등의 작품을 남긴 소설가다.

바라보는 그 철학자의 자유주의적 관점에 부분적으로 반항하듯 글을 썼다. 칸트에게 계몽시대는 인류가 도덕적으로 성숙하던 순간이었다. 왜냐하면 자유로운 개인이 관습과 미신의 감옥에서 빠져나오던 시기였기 때문이다. 이성의 빛에 안내된 그 개인은 이성이 명령하는 보편적인 도덕률을 받아들이게 된다. 이러한 견해를 지지하는 칸트의 주장은 헤르더를 납득시키지 못했다. 그는 그런 주장이 도덕적 동기의 묘사로는 너무 얄팍하며, 인간을 지나치게 문명의 그림자로 축소해버린다고 믿었다. 헤르더는 합리적 계산과 제도의 수립이라는 문명과, 민족(Volk)의 공유된 기질을 의미하는 문화가 인간의 영혼에서 뿌리 깊게 구분된다고 믿었다. 문화는 상호 애착으로 인간을 통합하는 무엇이며, 언어, 관습, 우화와 민속 종교 등으로 구성된다.

그러한 개념을 선포하는 과정에서 헤르더는 지금까지 채택된 고전적 그리스의 이상을 대체하는 문화적 상징으로 중세의 독일을 주창했다《인류 역사의 철학에 관한 개념들 (Ideas on the Philosophy of the History of Mankind, 1784~1791)》. 그는 또한 전래 시가와 전래 동화를 수집하고 출판하기 시작했다. 이런 그의 작업은 아힘 폰 아르님(Achim von Arnim)과 클레멘스 브렌타노(Clemens Brentano)가 전래 시가를 모아서 출판한 《소년의 뿔피리(Des Knaben Wunderhorn, 1805~1808)》라는 작품과 그림 (Grim)형제의 전래 동화 수집(1812)에도 영감을 주었다.

헤르더는 개신교 목사였다. 그의 낭만적 민족주의는 마르틴 루터(Martin Luther)의 성경에 가졌던 애착과 불가분의 관계가 있었다. 그 성경은 일반 독일인에게 독일어를 가르쳤고 독일어에 지속적인 영적 울림을 주었다. 헤르더는 루터가 국교를 설립하지 않은 사실을 애석하게 생각했다. 국교가 세워졌더라면 통일된 독일 문화가 오래 지속될 기반이 제공됐으리라 생각했기 때문이다. 뒤이어 등장한 민족주의 작가들은 민족 정서를 종교의 형태라기보다는 종교의 대안으로 보았다. 그리고 그들은 언어로 독일 국민을 통합시킨 만큼 독일 국민들을 분열시킨 책임이 루터에 있다고 인식했다. 매우 빠른 속도로 헤르더가 일으킨 문화 보수주의는 1848년의 혁명들에 영향을 미치며 일종의 정치적 급진주의가 되었다. 그 혁명들을 통해 독일인들은 그들을 하나의 민족 국가로 묶어내는 물리적 경계 안에서 형성되는 정체성의 공유를 주장했다. 이후에 벌어진 역사는 이 책의 관심사 너머에 놓여있다. 그러나 독일 민족주의가 정치적 관점에서 아무리 급진적이 되었다 하더라도 본질적으론 문화 보수주의에 그 영감을 신세졌다는 사실은 변함이 없다. 바로 그와 똑같은 보수주의가 영국에서는 고딕 부흥과 명승사적 보존단체인 내셔널 트러스트(National Trust)로 이어졌고, 프랑스에서는 샤토브리앙의 화려한 낭만주의와 가톨릭 농촌의 복구로 이어졌다.

미국에서는 이야기가 조금 달라진다. 연방의 남부와 북부 주들 사이의 분열은 내전으로 정면충돌하게 되었다. 이는 식민지 역사에 그 깊은 뿌리가 있지만 미국 정착기의 대립적인 개념들과도 연결돼 있다. 매사추세츠 주의 기업가적이고 청교도적 문화는 제퍼슨이 살았던 버지니아 주의 봉건적이고 귀족적인 질서와 대립했다. 문화 보수주의가 탄생한 19세기 동안 그 귀족적 질서는 농촌 생활 방식을 중시했다. 이는 제퍼슨이 정착된 정치질서의 기초로 보존하고 싶어 했던 생활 방식이다. 북부의 작가들이나 철학자들이 물질적 진보의 세계에서 한발 뒤로 물러서면 헨리 데이비드 소로우(Henry David Thoreau, 1817~1862)처럼 자주 은둔지로 피신했다. 소로우의 수필집 《월든(Walden, 1854)》에서 묘사됐듯이 그들에게 자연은 제퍼슨의 대규모 농장이나 정착된 농촌이 아니었다. 그곳은 야생이었고 당신의 영혼만 남은 외로운 곳이었다. 그곳에서 자연과 교감하며 철학자는 '고요한 삶(equable life)'을 품는다. 그것은 '소박하고, 너그러우며, 신뢰할 만한 삶'이었다. 제도들은 이런 형태의 삶엔 불필요한 수단이었다. 왜냐하면 모든 분야에서 그들은 영웅적 자립을 추구해야만 하기 때문이다. 그것이 월든 호수의 물안개에서 솟아오른 의미였다. 정치 질서의 제퍼슨식 전망에 영감을 준 농촌의 정착을 거부하라는 호소였다.

미국 시민 사회에서 문화 보수주의가 진정한 세력으로 형성됐던 때는 20세기에 들어서고 난 다음이었다. 12명의 작가들이 스스로 남부의 농업인들(Southern Agrarians)이라고 규정하고 힘을 합쳐 선언문 《나는 내 입장을 취하겠다(I'll Take My Stand, 1930)》를 발행했다. 그들은 당시 내슈빌의 밴더빌트 대학에서 가르치던 시인 존 크로우 랜섬(John Crowe Ransom, 1888~1974)의 비공식적 지도 아래 모여 있었다. 그 선언이 공유한 어떤 정치적 견해가 있었다면 그것은 그 책의 서문에 잘 드러난다. '농업개혁운동의 이론은 다음과 같다. 농지 경작은 가장 예민한 최고의 생업이다. 따라서 경제적으로 선호되어야 하며, 농민이 근로자의 최대 다수를 담당해야 한다.'고 그 서문은 주장했다.

정책의 진술로는 희미했지만 그럼에도 그 선언문은 남부 주들이 경험한 깊은 상실감을 담아냈다. 미국의 급속한 도시화, 도시의 팽창, 자동차와 대중 매체로 사람들의 이합집산이 대단히 빨라지는 등의 현상은 미국인들을 그들의 토양에서 완전히 떼어놓아 버렸다. 따라서 그 작가들은 미국인들이 더 이상 그들의 나라를 고향처럼 느끼지 않는다고 믿었다. 일부의 작가들은 남북전쟁의 결과에 따른 설움도 명백하게 드러내려 했다. 남북 전쟁 이후 처음엔 남부의 생활 방식이 그릇되게 표현되었고 나중엔 북부의 산업 문화로 남부식 삶 자체가 소멸해 버렸다. 그러한 정서는 앨런 테이트(Allen Tate)의 시 '남부 연방의 죽음에 바치는 송가(Ode to the Confederate Dead, 1937)'에서 통렬하게 표현된다. 테이트가 1942년에서 1944년까지 공동편집자였던 오래된 평론지 〈스와니 리뷰(Sewanee Review)〉는 간절했던 농업 문명을 옹호하는 적극적인 목소리라는 역할을 담당했다. 그 잡지는 전통적 가치와 공동체의 전통적 형태를 위해 싸우는 문학 비평을 열정적으로 찾아냈고, 리처드 위버(Richard Weaver) 같은 문화 보수주의자들의 저작을 출판했다. 위버가 서구 문명 쇠락의 울적한 연대기로 펴낸, 《생각은 현실로 이어진다(Ideas Have Consequences, 1948)》는 그 쇠락의 원인을 중세까지 거슬러 올라가 추적했다. 오컴의 윌리엄(William of Ockham)의 유명론[41]이 옛 권위를 훼손하고 그 대신 개인을 지배적인 위치에 올려 놓았던 중세까지 말이다.

남부의 문화 보수주의자들이 노예제와 그 유산을 이해하지 못했다는 사실은 언급하지 않더라도 거친 일반화(위버의 그것 같은)를 했거나, 개념의 진정한 인과 관계를 착각했고, 잃어버린 사물의 질서를 헛되이 그리워하는 등의 잘못들을 범했다. 그럼에도 그들의 시각은 시와 산문에서 통렬하고 감동적인 표현을 획득했다. 알렌 테이트, 유도라 웰티(Eudora Welty), 플래너리 오코너(Flannery O'Connor), 로버트 펜 워렌(Robert Penn Warren)은 현대 미국 문학의 전당에 당당하게 그 이름을 올린다. 그들이 견지한 시각의 영향은 환경 운동과 그에 참여해 가족 농장의 삶과 문화를 소중하게 여긴 웬들 베리(Wedell Berry)와 알란 칼슨(Allan C. Carlson) 등에게서 여전히 느껴진다. 이런 관점에서는 농업적 시각을 새롭게 한 칼슨의 《새로운 농업 정신: 20세기 미국의 지방분권적 사상을 향한 움직임(The New Agrarian Mind: The Movement Toward Decentralist Thought in Twentieth- Century America, 2000)》과 베리의 《미국의 붕괴: 문화

41 唯名論은 보편이 먼저 존재한다는 실념론에 맞서 개체가 우선한다는 생각이다. 오컴의 윌리엄은 영국인 특유의 경험주의를 바탕으로 과학적 연구를 신학 철학에 응용하여 새로운 경험과학의 길을 열었다. 스콜라 철학의 벽을 뚫고 근대과학, 근대사상의 길을 열었다는 평가를 받는다.

와 농업(The Unsettling of America: Culture and Agriculture, 1977)》이 보여준 영향력도 두드러진다.

일종의 문화 보수주의는 미국에서 보수주의를 다룬 학문적 방법론으론 가장 영향력이 컸던 레오 슈트라우스(Leo Strauss, 1899~1973)가 이끈 정치학의 한 학파와도 연결된다. 슈트라우스는 1937년 나치즘을 피해 미국으로 건너 왔으며 여러 대학을 거쳐 시카고 대학에 정착했다. 독일 문헌학에 따라 위대한 교재들을 주의 깊게 읽었기에 교사로서 슈트라우스의 사례는 미국의 정치학을 인문학의 과목으로, 학문의 핵심적 교과과정의 일부로 수립하는 데 영향을 미쳤다.

슈트라우스는 그의 고대 철학(특히 플라톤) 연구, 급진적 독일 헌법학자 카를 슈미트(Carl Schmidt, 1888~1986)[42], 그리고 미국 헌법의 독해와 그 헌법을 만들어낸 사상 등의 영향을 받았다. 그 자신의 고유한 견해는 체계적이지 않았다. 그러나 법의 지배를 옹호했고 미국 헌법으로 성취된 이해의 균형[43] 등을 담아냈다. 그는 어떤 개념을 언급할 때 언제나 그 개념이 발생했던 역사적 맥락을 습관적으로 들춰내는 '역사주의(historicism)'에 반대했다. 정치학은 반드

42 나치에 협력한 독일 법학자이자 정치학자. 정치권력의 효과적인 행사를 폭넓게 다루었다. 의회 민주주의, 자유주의, 사회동포주의 등을 비판했다. 좌우 정치학자들에게 두루 영향을 미쳤다.

43 미국 헌법은 사회 각 계층과 정부 각 기관 간의 이해와 갈등을 잘 조절해냈다는 평가를 받는다.

시 역사를 초월하는 관점을 목표로 해야 하며 하나의 사상은 그에 따라 적실성을 평가받는다고 믿었다. 슈트라우스는 그러한 관점을 자연권의 개념에서 발견했다고 믿었다. 그는 자연권을 로크와 미국 독립 선언서의 시각에서 이해했다.

역사주의가 정치학의 적이었지만 슈트라우스는 정치 이론의 고전을 공부하면서 저자의 수사학적 목적을 발견하려면 언제나 '행간을 읽는' 일이 필요하다고 믿었다. 정치 이론은 부분적으로 정치 그 자체다. 그리고 정치는 사람들이 고통스럽고 수고스러운 수단으로 공통의 성취에 필요한 적응을 이뤄내는 영역이다. 슈트라우스는 유럽을 찢어발긴 파시스트, 공산주의, 사회주의 운동을 개탄했다. 동시에 자신들의 사법적, 정치적, 사회적 제도의 배경이 되는 심오한 사상과, 그런 제도들을 획득하기보다는 훨씬 쉽게 잃어버리고 만다는 사실을 제대로 이해하지 못하는 미국의 지식인들을 개탄스러워했다.

미국 정치학의 상당부분은 슈트라우스식 보수주의의 낙인이 찍혀 있다. 따라서 '슈트라우스식(Straussian)'이라는 형용사는 정치 이론의 세계에서 독특한 의미를 획득했다. 대체로 보수적이고, 입헌주의적이라는 의미로, 고전들의 깊은 독서(물론 저자들의 복잡하고 이중적인 진정한 의도들을 파악하는 독서)에 뿌리를 두었다. 슈트라우스의 수없이 많은 탁월한 제자들 가운데는 알란 블룸(Alan Bloom, 6장에 잠시 언급된다.)이 포함된다. 미국의 학계에서 정치학이라는 학문 분야를 성립한 슈트라우스의 업적은 학계 밖에서도 반향을 일으켰다. '슈트라우스 문하생들(Straussians)'은 보수적인 조지 W. 부시(George W. Bush) 대통령 시절 정계와 행정부 등에서 영향력 있는 자리를 차지했다. 이는 또한 슈트라우스가 불법행위법 개혁(tort reform)[44], 네오콘, 이라크 전쟁 등에 책임이 있는, 유해하고 왜곡된 영향력을 행사했다는 정황을 밝히려는 학문적 노력으로도 발전했다.

문화 보수주의는 그 모든 형태에서 보수주의를 정치라는 전장에서 문학이나 학문적 삶이라는 평화적 영역으로 고양시키려는 시도였다. 문화 보수주의는 대중문화와 민주 정치 그리고 인류를 구원하겠다는 '진보적' 강령을 우려했다. 아울러 현대성에서 벗어나 정신의 평화로운 목초지로 물러났다. 그곳에서 교육, 지식, 그리고 고급문화는 다수의 의견이나 정치화된 무지(politicised ignorance)가 넘보지 못할 우위를 누렸다. 최소한 교실에서만큼은 문화 보수주의가 승리하는 듯했다. 그곳에선 적어도 개념이 존중받는다고 생각한다면 말이다. 그러나 사회주의적 견해가 교실마저 휩쓸었을 때 어떤 일이 벌어졌는가? 보수주의가 마지막 요새인 교실에서도 한 구석으로 몰렸을 때 무엇이 남았는가? 이 질문은 내가 마지막 장에서 간략하게나마 다시 언급하려고 한다. 그 전에 우리는 보수주의와 사회주의 국가 사이의 대립을 탐구할 필요가 있

44 지난 40여 년간 미국에서 진행된 운동이다. 대기업이나 보험회사 등의 불법행위에 따른 민간인의 피해를 보상해주는 범위와 정도를 낮추는 방향으로의 개혁을 의미한다.

다. 그 대립은 스미스, 버크, 그리고 헤겔의 주장을 재검토하고 확장했으며 정치 철학을 서구 역사의 중심 위로 다시 올려놓았다.

5장

사회주의에 맞서 싸우다

앞에서 대강 살펴본 문화 보수주의는 1차 세계 대전 말에 접어들면서 더 이상 일관된 정치 강령을 제공해주지 못했다. 대부분의 사람들은 유럽의 옛 문명이, 이른바 토착 농촌 사회나 기독교의 고급문화가 더 이상 미래를 안내해주는 지침이라고 믿기 힘들게 됐다. 문화 보수주의는 정치적 각광을 받기보다는 이미 시들어가는 개념이었다. 문학적 쇠퇴기에 더 소중해지는 고문서처럼 때때로 조심스레 다시 펼쳐지곤 했을 뿐이다. 특히 오스트리아 헝가리 제국에서 그런 현상이 두드러졌다. 그곳에서 전쟁이 시작됐고, 독일과 오스트리아의 패망 이후엔 옛 질서가 완전히 무너져버렸기 때문이다. 현대적으로 그 유례를 찾아보기 힘든 탄식의 문학이 빈(Wien)과 과거의 종속국들에서 부상했다. 1934년에 집필하기 시작한 《어제의 세계(The World of Yesterday)》라는 슈테판 츠바이크(Stefan Zweig)[45]

45 1881~1942, 오스트리아의 소설가 저널리스트. 나치가 정권을 잡자 브라질로 이민 갔다가 부인과 함께 수면제 과다복용으로 동반자살 했다.

의 작품, 사후인 1940년에 발간된 로버트 무질(Robert Musil)의 《특성 없는 남자(The Man Without Qualities)》, 조셉 로스(Joseph Roth)의 《라데츠키 행진곡(The Radetzky March, 1932)》은 영혼의 질서이기도 한 소중한 사회 질서를 상기시켰다. 반면 1923년에 발간됐으나 이미 부분적으로는 1912년에 초안이 만들어진 라이너 마리아 릴케(Rainer Maria Rilke)의 《두이노의 비가(Duino Elegies)》에서 우리는 내면적 삶의 의미를 발견하려는 현대 문학의 가장 위대한 시도를 발견하게 된다. 사회적 버팀목들과 종교는 뿌리 뽑히고 한때 주위를 둘러쌌던 그 모두가 폐허로 변해버린 채 오직 '나' 홀로 외로운 첨탑처럼 기적같이 서 있는 때에 말이다.

20세기의 여러 재앙에도 불구하고, 부분적으론 오히려 그 때문에 그런 범주의 문화 보수주의가 유럽과 미국의 최고 지성인들에게 매력을 발휘했다. 그 결과 현대 예술과 문학에서 우울했지만 여전히 유력한 세력으로 남아 있었다. 그러나 19세기 말 보수주의 정치 철학은 다른 방향으로 흘러갔다. 앞서 처음 2 개의 장에서 묘사한대로 그 최초의 형태에서 보수주의는 고전적 자유주의의 국민 주권론이 '맞다'는 주장에 맞서, 일종의 '맞긴 맞지만 그러나…' 식의 반론을 제기했다. 급진적 혁신 보다는 유산을 지키자는 쪽이었다. 자유와 평등의 편협한 강조로 위협 받는 관습과 제도를 유지하지 않고는 개인의 해방이 달성되지 못한다는 강변이었다. 19세기 말 보수주의는 스스로를 다른 방식으로 규정하기 시작했다. 새로운 종류의 관리형 국가로 추진되는 '정의로운(just)' 사회 구축의 거대 계획을 저지하자는 대응이었다. 이 전투에서 보수주의는 상당한 정도로 자유의 진정한 수호자가 되었다. 보수주의의 자유 옹호는 최선의 상태로는 관료제적 정부로 떠오르는 체제와, 최악의 경우로는 소련 정부처럼 프랑스의 자코뱅 혁명가들의 폭정보다 더 잔혹한 독재 정부와 벌이는 투쟁이었다.

미국에서는 평등을 옹호하던 지지자나 사회주의와 대결하는 과정에서 '자유주의적(liberal)'이라는 단어의 의미가 바뀌었다. 그 점에 관해 나는 이미 1장에서 언급했다. 이런 사태 발전을 이해하는 일은 중요하다. 왜냐하면 미국에서, 그리고 또 서구 세계에서 정치 행위와 언어 모두를 전체적으로 변형시켰기 때문이다. 로크, 몽테스키외, 그리고 스미스의 고전적 자유주의는 국가 권력에 맞서 개인의 주권(sovereignty)을 옹호했었다. 고전적 자유주의는 제한된 정부, 사유재산, 시장 경제, 그리고 자유로운 결사를 권장했다. 오늘날 미국의 대중적 용례로 '자유주의'는 좌파 자유주의를 의미하며 내가 다음 장에서 언급할 신자유주의와 혼동해선 안 된다. 그리고 명백하게 '보수주의'와 대립한다. 이런 용법에서 보자면 자유주의자는 의식적으로 가난한 사람들에 기운다. 소수자들이나 사회적으로 배제된 집단의 이해를 돕고, 사회정의를 달성하려면 국가 권력을 사용해야 한다고 믿는다. 아울러 19세기 사회주의자들의 평등하고 세속적인 가치를 공유할 가능성이 높다. 미국의 자유주의자는 보수주의자들을 상대로 휘두르는 국가 권력을 결코 싫어하지 않는다. 누구든 고전적 자유주의의 입장을 옹호하는 사람은 오늘날 보수주의자로 간주될 가능성이 높다. 고전적 자유주의와 자유시장이 연계된다는 관점에서, 또 복지 국가가 초래하는 의존적 문화나 자유주의적 개인주의와 충돌한다는 관점에서 그렇다. 독자들은 여기서 그 모든 복잡성을 파악하게 된다. 그러나 사회주의와의 전투에서 고전적 자유주의와 보수주의는 나란히 서 있다는 사실을 인정하면서 그 복잡함을 잠시 옆으로 미뤄두는 편이 가장 바람직하다.

이는 왜 프리드리히 폰 하이에크(Friedrich von Hayek, 1899~1993)가 《자유 헌정론(The Constitution of Liberty, 1961)》에서 자신의 철학을 밝히며 '나는 왜 보수주의자가 아닌가?'라는 발문을 첨부했는지 이해하게 해준다. 그가 2차 세계대전 말 《노예의 길(The Road to Serfdom)》이라는 책을 출판하면서 보수주의 운동의 지적인 영웅이 되었다는 사실에도 불구하고 말이다. 하이에크는 평생 자신의 정체성을 고전적 자유주의의 전통에서 확인하고 싶어 했다. 양차 세계대전으로 이어진 위기들의 진정한 원인은 국가 권력의 꾸준한 확대와 함께, 달성하지 못할 목표들을 추구하고자 그 국가 권력을 사용한 데 있었다고 믿었기 때문이다. '사회 정의(social justice)'는 그러한 목표들에 주어진 하나의 이름이다. 하이에크는 그 표현이 기만적인 하나의 신조어(Newspeak)일 뿐이며, 오히려 이름과는 정반대로 대규모의 불의를 촉진하는 데 사용됐다고 비난했다.

하이에크는 경제학자로 유진 폰 뵘-바베르크(Eugen von Böhm-Bawerk, 1851~1914)와 루드비히 폰 미제스(Ludwig von Mises, 1881~1973)의 학생이었다. 그리고 그들과 함께 칼 멩거(Carl Menger, 1840~1921)가 수립한 오스트리아 경제학파의 저명한 일원이었다. 그러나 그의 사상은 경제학 보다는 매우 폭이 넓었으며 그 자신을 로크와 스미스의 전통을 잇는 사회 철학자로 간주했다. 인생의 대부분을 영국과 미국에서 살았고 가르친 그는 보수적 운동과 거리를 두었다. 왜냐하면 그는 2차 세계 대전이후 보수적 정부들이 시민사회는 국가의 관리를 받아들여야 한다고 무심코 인정했으며 그 결과 사회주의자들의 정책과 환상을 지속시켰다고 믿었기 때문이다. 그러한 유보에도 불구하고 하이에크의 가장 중요한 기여는 관습법의 정의를 보수적으로 옹호했다는 사실에 있다. 그리고 그와 동시대 인물인 마이클 오크쇼트(Michael Oakeshott, 1901~1990)와 마찬가지로 헤겔과 버크의 통찰을 하나로 묶고 되살리는 시민사회 이론을 제시했다. 물론 그의 이야기를 올바르게 이해한다면 말이다.

하이에크의 기본적인 주장은 오스트리아 경제학파의 미제스와 다른 동료들이 이른바 '계산토론(calculation debate)'을 벌이는 동안 개발됐다. 그 토론은 사회주의 경제의 실현 가능성을 두고 벌어졌다. 계획 경제가 작동하려면 사람들이 무엇을 원하고 그것을 획득하는 대가로 무엇을 기꺼이 내주려하느냐는 정보를 모두 수집해야 한다. 계획 경제 아래에서 가격들이 그 정보를 모두 반영하도록 말이다. 그러나 사람들이 그들 욕구의 정도와 본질을 드러내어줄 자유로운 교환에 참여하기도 전에 어떻게 선험적으로 그 가격이 모두 계산되겠는가?

모든 사회적 행동은 수없이 많은 사람들의 결핍과 수요를 말해주는 정보를 요구한다. 그것은 또한 갈등의 순간적인 해결책도 필요로 한다. 자유로운 시장에서 상품의 가격은 그것을 요구하는 인간의 총수요에 따라 결정된다. 또 그 상품을 얻으려고 다른 사람들이 기꺼이 무엇을 희생하려들지를 알려주는 지표를 어디에서 찾아야 할까? 그 지표로 자유 교환의 체제 안에서 그 상품에 붙여진 가격 보다 더 좋은 대안은 없다. 가격에 담긴 정보는 사회적이고 역동적이며 실제적이다. 가격은 낯선 사람의 애매한 결핍을 충족시키려면 무엇을 해야 하는지 말해주는 정보이며, 시시각각 변화하는 결핍과 욕구에 따라 가격은 오르락내리락한다. 이 정보를 한 사람의 머리로는 만들어내지 못한다. 그것은 사람들이 자유롭게 팔고 사는 사회에서 이루어진 교환의 과정(process)에서만 획득되기 때문이다. 시장이 작동하는 방식에 어떤 식으로든 간섭이 이뤄지면 합리적 경제 결정을 내리는데 필요한 정보가 왜곡되어 버리고 만다. 정태적 자료의 묶음으로 이 정보를 재구성하려 시도하는 계획은 여지없이 비합리적이 되어버린다. 왜냐하면 경제적 삶의 방향과 범주를 미리 고정해버리는 순간 계획이 의존해야 할 정보가 파괴되기 때문이다.

하이에크는 그 계산 논쟁에서 전반적인 시민 사회 이론의 개발 가능성을 보았다. 자유 시장이 자발적인 질서의 사례이며, 이는 자유로운 연대에서 오는 보이지 않는 손으로 발생하고, 저절로 경제문제의 해결책을 만들어낸다. 마찬가지 방식으로 관습법은 자발적인 사법질서를 만들어낸다. 사람들이 임의로 제정하는 실정법은 갈등을 예상하고 결과적으로 갈등을 유발한다. 하지만 관습법은 특정한 갈등의 특정한 해결책에서 성장했기 때문에 내재적으로 사회를 균형상태로 되돌리려는 성향이 있다. 이런 개념을 설파하면서 하이에크는 누가 종이 위에 써 놓겠다는 생각을 하거나 법률을 만든다는 개념이 있기 오래 전에 벌써 인간 사회에 법이 존재했다는 점을 주목했다. 왜냐하면 우리의 자유로운 교환에는 스미스가 '공정한 관찰자(impartial spectator)'라 부른 양심의 눈 아래 이미 실효성 있는 법이 내재해 있었기 때문이다. 그러므로 법은 우리의 행위에 함축돼 있으며, 인간 노력의 모든 새로운 영역에서 자발적으로 좋은 태도가 부상하듯이 자유로운 거래에서도 법은 떠오른다. 예를 들어 공용 도로에서 운전자 간의 예의라는 규칙은, 그것을 '고속도로 규약'으로 정리해 담아두겠다고 누군가 생각해 내기 훨씬 오래전에 이미 사람들의 마음 속에 만들어져 있었다.

하이에크는 자본주의 경제 구조가 경제 번영뿐 아니라 모든 사회적 존재들이 갈망하는 행동의 자유를 보장하는 관건이라고 본다. 물론 그 구체적인 모습들은 역사적 우연들로 첨삭이 되겠지만 말이다. 그럼에도 그 자유는 헌법이 보장할 때에만 내구성이 확보된다. 방종과 무질서를 금지하면서 자유를 허용하는 헌법을 개발하는 일은 쉽지 않다. 《자유 헌정론》은 현대 자본주의 국가의 이상적인 헌정체제를 설명하려고 시도한다. 그 결과는 완화된 보수주의다. 그 보수주의 덕분에 영미 정치 전통에 속한 여러 헌정 체제의 도구들은 안정을 보장하고 동시에 개혁의 가능성을 허락한다. 하이에크는 원칙적으로 민주주의를 지지한다. 그러나 민주 정치체제에서 권력이 행사되는 작동방식은 집단의 진정한 선택을 불가능하게 한다고 주장한다. 어떤 정치 체제도 시장이 제공하는 만큼 올바른 집단적 선택을 이끌어내지 못하기 때문이다. 더욱이 시장에서 모든 개인은 예산의 제약아래 행동하는 반면 다수가 지배하는 민주정체의 정치인들 대부분은 유사한 제약아래 놓여 있지 않다. 적어도 직접적으로는 그런 제약을 받지 않는다. 따라서 시장의 자기규율이라는 조건이 정치 영역에서는 쉽게 마련되지 않는다.

그의 관점을 인간의 사회적 존재 전반의 모든 측면들로 확대하면서 하이에크는 스미스의 '보이지 않는 손' 같은 일종의 일반화된 이론을 시도했다. 그는 이를 '자발적 질서(spontaneous order)'나 '카탈락시(catallaxy)'이론이라고 묘사한다. 그리고 이를 아주 길게 세 권의 어렵지만 읽고 나면 보람이 있는 《규칙과 질서(Rules and Order, 1973)》, 《사회 정의란 신기루(The Mirage of Social Justice, 1976)》, 《자유로운 국민의 정치 질서(The Political Oder of a Free People, 1979)》라는 책들에서 선포한다. 이 세 권의 책에서 하이에크가 주장하려는 내용은 다음과 같다. 상품과 기회가 미리 결정된 형식에 따라 배분되는, 계획된 사회 질서를 달성하고자 하는 모든 시도들은 결국 스스로 결정하고 싶어 하는 개인의 자유를 훼손하거나 제거한다. 더욱이 자유를 제거하려는 계획은 저항을 촉발한다. 아울러 그런 계획은 통제가 닿지 않는 암시장이나 사적으로 정의가 확보되는 체제로 사람들의 거래가 이동해가도록 강제한다. 따라서 계획은 언제나 그 자신의 구현 가능성을 파괴한다. 그런 모습은 모든 공산 체제들에서 풍성하게 나타났다. 그리고 그 체제들은 자유 경제체제들에서 관찰된 사례를 훨씬 능가하는 소유와 권력, 그리고 특권이라는 불평등을 만들어냈다.

사회주의 계획은 자기 정당화를 목표로 모든 제도와 심지어 언어까지 자신의 목적에 맞게 동원한다. 예를 들어 사회주의 계획경제는 자신들이 추진하는 강제된 경제적 평등을 '사회 정의'로 묘사한다. 자유로운 합의로 얻어진 자산을 부당하게 징발해야만 계획이 달성되는 데도 말이다. 아리스토텔레스가 말했고, 로마법을 요약하며 도미티우스 울피아누스(Ulpian)[46]가 설명한 대로 정의의 진정한 의미는 각자에게 자신의 몫을 주는 일이다. 그러나 '사회적'이란 교활한 단어가 '정의'의 의미를 빨아 없앤다. 사회적 정의는 정의의 형태가 전혀 아니고 도덕적 부패의 한 형태다. 그것은 무책임한 행동을 하거나 자신과 가족의 안녕을 게을리 하고, 협정

46 170~228, 페니키아 출신 고대 로마 법학자. 출생일은 불확실하지만 서기 211~222년에 저술활동을 했다. 세베루스 알렉산더 황제 시기에 등용되었으나 세베루스의 어머니 율리아 마메아에게 실각됐다가, 황제 면전에서 반대파에게 살해되었다.

을 깨거나 고용주들을 기만한 사람들에게 상을 주는 행위다.

하이에크의 영국 관습법 옹호를 주목한 학자들이 거의 없었지만 두 가지 점은 꼭 언급되어야 한다. 그는 법이 하나의 명령체계로 간주된 오스트리아 헝가리 제국의 로마법 통치아래서 성장해온 오스트리아인이다. 따라서 하이에크는 의회를 법과 그 안에 함축된 권위의 원천으로 보았을 가능성이 높았다. 그럼에도 그는 관습법을 영국 사회의 심장으로 파악했다. 또 정의는 자유롭게 결사하는 사람들 사이의 거래에서 만들어지지, 정부의 계획에서 나오지 않는다는 살아 있는 증거가 곧 관습법이라고 생각했다. 더욱이 하이에크는 관습법이 자유로운 거래에 내재한 암묵적 추론의 실제 적용 사례라 여겼다. 사법적 실증주의자인 영국의 자유주의자 하트(H. L. A Hart)는 관습법을 '판사가 만드는' 법이라고 생각한다. 마치 법이 사건의 사실들에 따라 법정에서 발명된다는 듯 말이다.[7] 하이에크는 아니라고 말한다. 만약 하트의 말처럼 법이 그렇게 만들어진다면 관습법의 판단은 사람들이 전혀 몰랐던 법에 근거해 내려진 판결이라는 불의(injustice)를 언제나 저지른다는 말이다. 관습법은 판사가 발견하는 법(judge-discovered law)이다. 판례에 담긴 법은 명시적이고 공식적인 지식이 없었다 해도 사건의 양 당사자들이 이미 의존했던 법이다. 법은 이미 바로 그들의 합의에 가정되어 있었으며 판사는 그들이 공유했던 가정을 공개적으로 끌어낼 뿐이다. 이렇게 자신이 마신 진저비어의 병에서 발견된 죽은 달팽이 때문에 병에 걸린 원고가 소송을 제기한 도노휴 대 스티븐슨

(Donohue v. Stevenson, 1932)의 탁월한 사례에서, 판매 목적 상품의 생산자는 선의로 그러한 상품을 획득하고 사용한 사람이 입는 어떤 피해에도 마땅히 책임을 져야 한다는 판결이 나왔다. 이는 바로 계약 당사자들이 행동의 근거로 삼는 암묵적인 원칙이다. 의회는 그 이후 생산자의 책임 문제를 관할하는 법의 규칙을 굳이 따로 결정할 필요가 없었다. 왜냐하면 그 법이 규제하도록 요구되는 바로 그 행위의 전제에서 생산자의 책임이 발견됐다고 이미 판결이 내려졌기 때문이다.

하이에크의 주장은 섬세하고 폭넓었으며 사회주의와 계획이라는 철학에 반대한다는 단 하나의 목적에 집중했다. 1944년 그가 펴낸 《노예의 길》은 전쟁 말기 부상하던 사회 민주적 합의를 직접적으로 통렬하게 비난했다. 이 책은 민주적 사회주의가 저절로 전체주의 국가로 향해 나아간다는 주장을 과장되게 개진한다는 혹평도 자주 받는다. 그러나 주장이 완벽하지 않았던 다른 많은 저술서처럼 지적 장점에서는 완벽함을 넘어서는 엄청난 영향력을 지녔으며, 여전히 사회주의를 반박하는 간명한 진술로 널리 받아들여진다.

2차 세계 대전 후에 발표된 마이클 오크쇼트의 글은 영향력에선 조금 떨어졌지만 현실에는 조금 더 들어맞았다. 그의 글은 1962년 《합리주의와 정치(Rationalism and Politics)》라는 책으로 출판됐다. 설득력 있는 이 수필들에서 오크쇼트는 정치 지도자들이 자유나 평등, 동지애(fraternity)라는 목표를 추구한다고 나설 때, 모든 정책과 협상이 그런 목표들을 언급하며 형성될 때 발생하는 폐해를 지적한다. 오크쇼트에게 '합리주의'란 정치적 연대를 '수단과 목적'의 조건에서만 바라보는 시도를 의미했다. 목적은 분명하게 형성되고 수단은 그 목적의 관점에서 정당화된다는 생각이었다. 그 결과 타협과 자유로운 결사는 불가피하게 파괴되고 만다. 또한 누구도 동의하지 않는 질서가 사람들에게 강요된다. 하이에크처럼 오크쇼트는 스미스와 버크의 통찰을 되살리고 강화하려 했다. 온당한 정책들이 반드시 '합리적'일 필요는 없다. 왜냐하면 온당한 정책들은 공통의 목적이 없는 개인들의 선택이 예측 불가능하게 융합된 덩어리에서 부상하기 때문이다.

오크쇼트는 '이데올로기'를 공격하려고 이 주장을 펼쳤다. 그에게 이데올로기는 정치적 신념 체계를 부르는 이름이다. 미래를 짊어졌다고 믿는 자를 정당화해 주려고 고안된 이론, 목표, 개념들의 집합이 이념이다. 마르크시스트 혁명 이론, 유사 군대 명령 체계 아래 놓인 법인형 국가라는 파시스트 개념, 인종을 앞세우는 나치(Nazi) 철학, 이 모두가 오크쇼트의 관점에서는 이념이다. 그 모두는 지적인 차원에서 긴급한 비상상황이라는 의식을 억지로 만들어내 정치적 통제를 정당화하려고 고안됐다. 예컨대 오직 우리가 이것을 지금 하면 사회의 미래는 안전해진다는 식이다. 이데올로기에 맞서 오크쇼트는 상황의 전개와 변화를 직관적으로 이해하는 '암시(intimation)'의 정치를 옹호했다. 이런 정치는 정치 질서에 적극적으로 참여하고 타인과의 대화에 열려있을 때 가능하다고 오크쇼트는 주장했다. 정치적 결사의 목적들은 강요되지 않고 발견된다는 생각이다. 정치는 듣고 묻는 기술이지 명령을 짖어대고 선험적 규칙들이 적힌 종이나 읽어대는 일이 아니라는 얘기다.

이데올로기는 일견 전쟁의 정치(politics of war)를 제안한다. 전달하는 말은 단순하다. 너는 우리와 같은 편이냐 적이냐, 우리 편이라면 어쨌든 이긴다는 말이다. 이는 영미의 대의정부라는 정치 전통과 송두리째 상반된다. 그 대의정부란 특정한 절차와 제도가 '주어졌다'고, 다시 말해 의견대립이 해소되는 테두리와 체계가 이미 만들어져 있음을 수용한다는 개념이다. 그러한 형태의 정부는 목적을 달성하는 수단이거나, 혹은 문제의 해결을 가져다주지는 않는다. 그런 정부는 사람들이 상호 이해 속에 살아가는 방식으로 이해되어야 한다. 그것은 목적이자 수단이며 해결이자 문제다.

그의 완숙한 작품인 《인간의 행위에 관하여(On Human Conduct, 1975)》에서 오크쇼트는 '시민 연대(civil association)'란 어렵지만 영향력 있는 이론을 개발했다. 이 용어는 그가 시민 사회의 특별한 개념을 설명하려고 사용했다. 그는 이 개념을 사회주의자나 좌파 자유주의자들의 이론과 대조해보려고 했다. 좌파들은 의식적이든 아니든 시민사회가 국가에 징발되거나 국가에 종속된다고 보았다. 오크쇼트는 시민연대와 '기획연대(enterprise association)' 사이를 구분했다. 하나의 기획연대는 목적, 주요한 목표(상업적이거나 군사적, 혹은 정치적)를 가졌으며, 그 목적이 그 연대 전반의 과제를 규정한다. 시민 연대는 계약에 근거하지 않았으며 어떤 목적에도 헌신하지 않는다. 그 연대는 차라리 하나의 대화 방식으로 이해되어야 한다. 그 안에서 목적, 의미와 정보는 참가자들의 우호적인 교류를 통해 예측불가능하게 부상한다. 오크쇼트가 자주 언급하는 대화는 연대의 패러다임이며, '목적 그 자체로' 취급되어야 한다. 어떤 면에서 그 주장은 우리가 아리스토텔레스에서 발견하는 개념으로 되돌아간 듯 보인다. 아리스토텔레스는 도시 국가에서 우정(friendship)이야말로 정통성의 궁극적 토대라고 믿었다. 그에게 우정의 종류는 수없이 많고, 그 단계도 역시 다양했다. 그러나 우정은 명백한 선이며 그것을 정당화할 다른 목적은 필요 없었다. 최고의 우정에겐 미덕이 곧 그 자격이자 결과다. 시민 공동체는 이 우정을 모범으로 삼는다고 아리스토텔레스는 생각했다. 그들은 본받기와 경쟁을 통해서 서로를 친구로 존중하고 우정에서 오는 혜택을 누리려 한다. 그들이 우정을 거들먹거리며 일부러 추구하지 않는 바로 그 이유 때문이다.

오크쇼트는 20세기 전체주의 운동보다는 2차 세계 대전 이후 영국 정치에 일종의 대세로 자리 잡았던 지도주의(指導主義, dirigisme) 흐름에 더 공격을 퍼붓고 싶어 했다. 수 십 년간 경제뿐만 아니라 교육체제, 빈민 구제, 주택 건설의 형태와 노동을 제공하는 산업, 고용의 조건 등을 '관리'해야 할 의무와 권리가 국가에 있다고 생각하는 사람들이 많았다. 한마디로 국민의 복지와 안전이 달려있는 거의 모든 일을 국가가 책임져야 한다고 가정돼 왔다. 일생

동안 오크쇼트의 관심사는 그런 식의 정치가 시민 사회의 본질을 깊이 오해했기 때문이라는 사정을 보여주려 했다. 그 결과 정치가 대화, 우정, 스포츠, 시와 예술 등 인간 조건의 다른 측면들에 눈을 감아버린다고 안타까워하기도 했다. 인생의 그런 측면들을 통해 우리는 무엇을 얻고 소비하는 데서 벗어나 내재적 가치가 있는 사안들에 관심을 기울이게 되기 때문이다. 시민 연대를 보는 오크쇼트의 숙고에 따르면 오직 결과론으로 뒤늦게야 종교에 생각이 미칠 뿐이다. 이는 2차 세계 대전 이후 영국 보수주의가 근본적으로 세속화됐음을 말해준다. 이런 세속화는 1차 세계 대전 이후 오스트리아 보수주의에서도 똑같이 명백했었다. 세계 대전들 탓에 대부분의 종교, 특히 기독교는 근본적인 자기불신의 상태에 빠져버렸다.

런던 정경대학의 정치 철학 교수라는 오크쇼트의 지위는 자신의 생각에 공감하는 학생과 동료들로 이뤄지는 인맥을 형성하게 해주었으며 한동안 이 학교 정치학과는 당시 주류를 이뤘던 사회주의적 합의에 저항하는 보수 세력의 구심점이 되었다.(다음 장을 보라) 추종자들은 오크쇼트 이론의 난해함과, 자신의 신념을 명백히 드러내기보다는 암시하길 좋아하는 그의 성향을 유감스럽게 생각했다. 그리고 수많은 보수주의자들처럼 그는 보수주의라는 휘장을 단 정치 운동이나 정당을 지지해달라는 요구를 모두 거부했다. 그는 리비스(F. R. Leavis)처럼 종교에 헌신적이지 않았으며 기독교나 영국 성공회에 그가 바라는 종류의 시민 연대를 담당할 정확한 역할이 있다고 보지도 않았다. 시민 연대라는 그의 관점은 결국 엘리트주의적이고, 교수와 회의적 지식인이라는 그의 경험을 벗어나지 못했으며, 당대의 사회 문화 정치적 전투들의 끝자락이나 건드릴 뿐이었다.

미국에서 사회주의와의 대립은 살짝 다른 형태를 띤다. 루스벨트 대통령의 뉴딜(1933~1937) 정책 전까지 국가가 경제를 관리하고, 그 자체의 고유한 사업을 해야 하며, 시민들의 건강과 복지를 적절하게 책임져야 한다고 생각한 미국 사람은 거의 없었다. 많은 미국인들은 그런 생각이 정도를 벗어났거나 유럽 사회주의의 특징이며 미국의 헌법에는 부합하지 않는다고 간주했다. 그러나 점차 사회주의적 개념들이 미국의 지식인들과 정치인들에 침투하기 시작했으며, 대공황, 신흥 도시 근로 계급의 곤경과 함께 공산주의에 공감하는 지식인들이 꽤 늘어가면서 보수주의자들이 이에 맞서기 시작했다. 보수주의자들이 어떤 대응을 보였느냐의 역사는 복잡하다. 뉴딜을 둘러싼 논란에 휩싸였고 소련의 침투와 간첩활동이라는 이야기들도 엮여 있다. 현재 이 글의 목적으론 두 명의 대표적인 인물만 고려하면 충분하다. 두 사람 다 공산주의 동조자로 출발했고 그 중 한사람은 한동안 소련의 첩자였다. 제임스 번햄(James Burnham, 1905~1987)과 휘태커 챔버스(Whittaker Chambers, 1901~1961)가 그들이다.

제임스 번햄은 사회학자로 마르크시즘의 자본주의 사회 분석에 깊게 영향을 받았다. 그는 우선 새로운 사회 질서를 요구하는 공산주의에 공감했다. 그런 질서에서 자본주의의 위기와 어려움은 극복되고 계급의 분열은 종말을 맞는다고 생각했다. 그래서 1933년 미국 노동당의 조직을 도왔다. 그리고 트로츠키를 선호하도록 그 당의 노선을 이끌었다. 트로츠키와는 편지로 우정을 다졌다. 그러나 스탈린의 잔혹함, 소련의 핀란드와 발틱 국가들 침공, 그리고 마지막으로 나치와 소련의 협정 때문에 그는 공산주의의 현실에, 공산주의에 영감을 준 마르크스 이론의 파괴적 영향에 눈뜨게 되었다. 그는 뉴딜에 나타나는 마르크스 이론의 영향을 보았다. 그리고 그가 '뉴딜주의(New Dealism)'라고 부른 정책의 폐해로부터 미국의 자본주의를 지켜야겠다고 나섰다. 그는 뉴딜주의가 미국의 자유주의적 전통에 가해진 공격이라고 간주했다. 번햄이 자신의 대의명분으로 '자본주의'라는 용어를 항상 언급하는 이유는 그가 한때 마르크시스트였다는 흔적 때문이다. 그러나 세월이 흐르면서 그는 점점 더 명백하게 보수주의자가 되었고 그렇게 영향력을 늘려갔다.

그는 《관리 혁명(The Managerial Revolution, 1941)》이라는 저서와 함께 보수주의로 다가서기 시작했다. 이 책에서 번햄은 마르크스주의자들이 자본주의의 문제라고 지적한 오류들이 사실은 사회주의의 문제점이라고 비판했다. 모든 형태의 사회주의는 자신의 약속처럼 계급 없는 사회를 만들어내기보다는 그와 반대로 새로운 비타협적인 지배계급인 관료들과 엘리트 관리자들을 양산하는 경향이 있다고 번햄은 주장했다. 이 계급은 자동적으로 창조와 기획을 제한하고, 계획경제와 재산권의 침탈을 요구하리란 얘기였다. 번햄은 비슷한 관점에서 뉴딜리즘을 비판했다. 뉴딜이 미국인들을 관리자들의 손에 넘겨줄 준비를 시키며, 공산주의와의 대결이라는 진정으로 중요한 문제에 눈 감게 한다고 주장했다. 《세계를 위한 투쟁(The Struggle for the World, 1947)》에서 그는 냉전이라고 알려진 싸움에 대비하는 작전 계획을 펼쳐보였다. 미국과 영국은 시민권을 공유하고, 공산주의 위협에 맞서 관련된 모든 세력들이 단결해야 한다는 역설이었다.

마지막으로 《서구의 자살(Suicide of the West, 1964)》이라는 책에서 그는 공산주의와의 대결과 그에 임하는 서구 열강들의 비효율성을 일깨우는 언어와 시야를 보수주의자들에게 제공 했다. 그는 서구의 종교적이고 도덕적 유산을 옹호하면서 문화 보수주의로 나아간다. 아울러 번햄은 '경건하게, 죄책감에 찌들어서 착한 일만 하겠다며 흐느적대는 당대의 자유주의를 비판'했다. '그 자유주의는 "양쪽 모두에 상당한 진실"이 있다는 흥미로운 강령을 자신들의 주요 강점으로 내세운다.' 당시의 자유주의는 모든 사안을 잘 이해한다는 마음가짐을 지닌 사상이었다. 번햄은 이미 마르크스주의자들을 반박할 훈련이 돼 있었고, 모든 사상의 배후에서 작동하는 추진세력의 실체를 보려 노력하곤 했었다. 미국의 보수주의는 번햄의 예리한 정신이 새로이 규정한 '자유주의'에 대항하기 시작했다. 번햄이 그려낸 자유주의자들은 그들의 특권에 죄의식을 느끼는 사람들이었다. 자유주의자들은 자신들을 둘러싸고 보호해주었던 긍정적인 내용들을 인정하고 받아들이지 못했다. 반면 적들의 모든 과오는 자신들의 과오를 들추어가며 용서하길 원했다. 소비에트 독재의 현실을 직시하기 보다는 미국 민주주의의 과오를 전체주의나 공산주의 체제의 그것과 나란히 놓고, 다른 한쪽을 동등하게 비판하지 않고는 양쪽 모두를 올바르게 평가하기 어렵다는 '도덕적 등가(moral equivalence)'의 게임을 벌이려들었다.

번햄은 나중에 중앙정보국(CIA)에서 심리전 담당 부서를 이끌었다. 그는 CIA의 돈으로 1950년 미국과 유럽에서 좌파의 문화 장악을 방해한 출판물을 후원했던 문화자유회의(Congress of Cultural Freedom)의 설립을 도왔다. 이 일은 번햄을 점차 일종의 문화 보수주의에 기울도록 했으며, 후에 CCF의 주요한 후원자가 누구인지 밝혀졌을 때 사실상 지식인 공동체에서 쫓겨나고 말았다. 나중에 소비에트의 범죄행위에 따라 시각을 바꾼 수많은 급진주의자들과 마찬가지로 그는 그가 전향시키려던 사람들에게서 소외되고 말았다.

휘태커 챔버스에게도 같은 운명이 기다렸다. 공산주의 동조자였으며 루스벨트 행정부 내 일군의 소련 간첩들에 속했던 그는 공산주의 본질을 경험을 통해 자각하기 시작했고 공산당과 그 인맥을 떠나 종국에는 미국 정부에서 일했던 동료 간첩들을 배반했다. 챔버스는 복잡하고 고민이 많은 성격의 인물이었으며 탁월한

글쟁이로 나중에 시사 주간지 〈타임〉의 고위 편집자가 되기도 했다. 그러나 그가 개입했던 여러 간첩사건 재판의 증인으로 법정에 출두하자 좌파 인맥들은 그의 신뢰성을 떨어뜨리려 했다. 그는 1952년 《증언(Witness)》이라는 책을 출판하면서 자신이 공산주의 활동에 어떻게 관여했는지 그 전모를 밝혔다. 이어서 그는 보수주의 운동의 중심적 인물이 되었다.

《증언》은 워싱턴D. C.에서 활동했던 소련 간첩망을 사실적으로 기술한데 그치지 않고 2차 세계 대전 기간과 그 이후 어떤 피해가 가해졌는지를 열거했다. 그것은 공산주의 체제가 의지하는 정신적 노예제, 도덕적 타락을 꿰뚫어 본 심리 연구였다. 챔버스는 공산주의 시각의 부정적 특성을 잊히지 않는 용어로 묘사한다. 그는 대량학살, 살인, 배신의 기계장치와 다름없는 공산주의의 본질을 강조했다. 챔버스가 묘사한 소련 간첩은 고귀한 목적을 위해 위험을 무릅쓰는 자발적인 영웅이 아니라, 고무도장을 멋대로 찍어 발행한 사형선고문이나 주고받는 일종의 관료였다.

유럽의 여러 지식인들도 당시 공산주의를 비슷한 관점에서 비판했다 주목할 만하게는 조지 오웰(George Orwell), 아서 쾨슬러(Arthur Koestler), 체스와프 미워시(Czesław Miłosz)가 있었다. 그러나 《증언》은 내부자가 전해준 이야기라는 관점에서 영향력이 훨씬 더 컸다. 그 책은 국무부에 침입한 공산주의를 질병으로 묘사했다. 챔버스의 영혼, 곧 미국인의 영혼에 찾아온 질병이며 그가 스스로 이겨내면서 조국의 정신문화에 부합하는 정체성과 종교적 신앙까지도 재발견했다. 이후 미국 보수주의자는 반공산주의를 자기 정체성의 일부로 삼았다. 또한 반공산주의가 일종의 정신적 순수성을 증명한다고 보았다. 비록 매카시즘[47]이 일정 부분 대중의 관념에서 반공주의의 신뢰성을 잃게 만들었지만 챔버스는 반공주의를 또 다른 방식으로, 미국 문화의 하나로 제시할 수 있었다. 챔버스의 묘사에 따르면 공산주의는 미국 영혼의 체계적 부정이었다. 공산주의는 단순히 겉으로 드러나는 물리력으로 맞서 저항해야할 대상일 뿐 아니라, 정치적 유산 못지않게 정신적 유산이기도 한 미국 사상에의 내적 헌신이라는 관점에서도 저항해야할 대상이다.

공산주의의 도전은 일찍이 유럽 대륙에 찾아왔다. 1871년 잠시 존재했던 파리 코뮌이 그 예다. 지지자들에게 이 코뮌은 공산주의의 가능성을 보여주었지만 반대자들에게는 대단히 경악스러운 일이었다. 중부 유럽의 지식인들이 보인 반응은 위에서 논의한 하이에크의 주장이 전형적이었다. 그러나 프랑스와 지중해 연안국들에서 마르크시즘, 미래주의, 급진적 이상향의 사상들이 20세기 초 지식계를 휩쓸었다. 따라서 그곳에선 좌익적 세계관이 또 다시 메스트르나 샤토브리앙의 발상과 마찬가지로 종교적 신념을 토대로

47 1950년대 초반 미국 전역을 휩쓴 공산주의자 색출 열풍이다. 무고한 사람까지 공산주의자로 몰았다는 비판을 낳았다. 위스콘신 주 출신의 Joseph McCarthy 상원의원이 주도했다.

거부되었다.

20세기의 프랑스 보수주의는 따라서 가톨릭 부흥(renouveau catholique)과 연결이 된다. 그것은 부분적으로 보불 전쟁에서 프랑스가 패배한데 따른 반동이었고, 부분적으론 세속적 물질주의에, 독일 영국과의 경쟁심이 촉발한 현대화 계획과 공화제 정부에 오래 사로잡힌데 따른 반발이었다. 가톨릭 부흥을 이끈 선도적 빛은 시인 샤를 페기(Charles Péguy, 1873~1914)다. 그가 발간한 잡지 〈2주(週)간의 공책(Cahiers de la Quinzaine)〉은 20세기로 넘어가던 무렵 중요 작가들의 글을 실었다. 페기의 정치적 성향은 사회주의였다. 그러나 그는 새로운 형태의 프랑스 애국주의를 가슴에 품었다. 그 애국주의는 공화국이나 혁명에 중심을 두지 않고 왕에 충성을 다한 용감한 농촌의 소녀 잔 다르크(Jean d'Arc), 그녀의 신앙과 나라에 두었다. 그리고 영국에 맞서 싸우다 죽은 순교는 그녀를 프랑스의 정신적 상징이나 수호성인으로 만들었다. 잔이 1920년에 시성된 데는 페기의 공이 대단히 크다. (특히 그의 절묘하고 도발적인 시, 〈잔 다르크 자애의 신비(Le mystère de la charité de Jeanne d'Arc)〉에 기인한다.)

1차 세계 대전에 이어 프랑스 지식인들은 한편으론 가톨릭 부흥으로, 다른 한편은 점차 마르크시스트 좌익 운동으로 달려갔다. 그 갈등은 철학 작품 뿐 아니라 미술, 음악, 문학에서도 벌어졌다. 그러나 보수적 인물들은 정당으로 뭉치기는커녕 일관성 있는 정치 운동으로 단결하지도 않았다. 그들 중에는 소설가 장 지오노(Jean Giono,1895~1970)나 철학자 귀스타브 티봉(Gustave Thibon, 1903~2001)과 연결된 농촌 지향의 인물들이 있었고, 철학자 자크 마리땡(Jacques Maritain, 1882~1973)과 그의 부인이자 시적인 상상력이 풍부한 라이샤(Raïssa, 1883~1960)와 유대를 맺은 명백히 신학적인 인물들도 있었다.

이러한 특성들에서 자라난 운동은 정치 강령이라기보다는 프랑스의 영혼을 획득하려는 노력이었다. 또 그 주요 참여자들은 하이에크나 오크쇼트의 주장들을 기발한 관념이거나, 정신의 실제적 삶에서는 그다지 중요한 의미가 없다고 간주했다. 그들에게 보수적 감성의 진정한 표현들은 조르주 루오(Georges Rouault, 1871~1958)의 그리스도 그림들에서, 지방의 경건한 삶의 방식을 묘사한 프랑수와 모리악(François Mauriac, 1885~1970)의 소설에서, 가톨릭 소설가 조르주 베르나노스(Georges Bernanos)의 대본에 근거한 최신 오페라 《카르멜 수녀회의 대화 (Dialogues des Carmélites, 1957)》를 작곡한 프랑시스 풀랑(Francis Poulenc, 1899~1963)의 음악에서 발견된다. 이 오페라는 그 자체로 감동적인 예술작품일 뿐 아니라 일종의 프랑스 혁명 '지우기(taking back)'였다. 이런 창조적 에너지의 열기에서 사상들은 상상력으로 만들어낸 작품들에서 검증됐으며 철학적 주장으로는 거의 논의되지 않았다. 이 때문에 프랑스 보수주의는 언제나 규정하기 어려웠고, 영적인 조건이나 성스러운 장소와 프랑스의 사상을 분리해내기도 거의 불가능했다.

그럼에도 지적 보수주의를 공부하는 학생이라면 이 작가는 특별한 관심을 가질 만하다. 철학자이자 신비스러운 시몬 베유(Simone Weil, 1909~1943)다. 그녀의 사후에 발간된 《뿌리내리기(L'enracinement, The Need for Roots, 1949)》는 정치 강령이라기보다는 마음의 상태로 정리된 문화 보수주의의 요약본이다. 베유는 그녀의 수많은 동년배와 마찬가지로 좌파나 마르크시즘적 사고방식에 젖은 인물이었다. 그러나 2차 세계대전에 앞서 갑자기 다른 방향으로 움직였다. 베유는 유태인 후손이었으나 세속적이고 무신론적 가정에서 성장했다. 그러나 그녀는 언제나 기독교에 끌렸으며 이런 점에서 친구이자 스승이었던 귀스타브 티봉의 영향을 받았다.

1935년 이탈리아 아씨시(Assisi)의 산타마리아 델리 안젤리 성당에서 하느님을 영접하고 조지 허버트(George Herbert)의 시들을 읽은 다음 베유는 기독교 신앙과(세례는 받지 않았다) 프랑스에의 헌신을 받아들였다. 그녀는 그 두 가지 모두를 위해 잔 다르크처럼 순교자가 되길 희망했다. 그녀는 한동안 영국의 특수작전집행본부(BSOE)가 실시한 프랑스 레지스탕스 요원으로 훈련을 받기도 했다. 전시 나치즘을 피해 영국에서 난민으로 체류할 때였다. 그러나 건강이 나빠지면서 계속 훈련을 받기는 힘들었다. 대신 베유는 스스로 감당 하겠다 자처하고, 기꺼이 더불어 살아가길 원했던 희생에의 열정을 자신의 글에 쏟아냈다.

베유의 신비주의적 기독교 신앙, 전체주의 정치와 고삐 풀린 산업주의의 희생자라는 정체성은 다소 주류에서 동떨어진 느낌이었다. 그러나 당대의 사회 현실을 보는 대단히 영향력 있는 반성과 함께 프랑스의 정치적 회생(回生)에 필요한 제안들을 이끌어냈다. 그녀는 현대 문명의 주요한 악을 뿌리뽑힘(déracinement)이라 규정하며, 과거엔 인간성을 보호해주었고 미래에는 사회적 부식을 다시 막아줄 뿌리내림(enracinement, putting down of roots)을 석명하려 시도했다. 이런 면에서 나타나는 그녀의 사상은 티봉과 지오노의 농업 보수주의로부터 영향을 받았다. 인간은 공동의 목적을 지닌 집단에 적극적으로 참여하는 미덕으로 뿌리를 갖게 된다고 베유는 주장했다. 그 집단은 사회적이고 정신적 유산을 살아있는 형태로 보존하며 공유된 미래의 예감을 계속 제공한다. 모든 형태에서 문화 보수주의의 핵심적 가르침인 이 생각이 그녀의 신비스럽고 시적인 구절로 표현됐으며 그녀를 지적으로 추종한 엘리엇(T. S. Elliot), 알베르트 카뮈(Albert Camus), 교황 바오로(Paul Ⅵ) 6세와 요한 바오로Ⅱ세에 심오한 영향을 미쳤다.

베유는 자신이 강조한 구체적인 애착을 칸트에게서 추론된 보편주의자의 도덕성은 물론이고 계급(hierarchy)과 다양성, 사유재산과 영토에의 존중과도 화해시키려 했다. 그녀는 (결과적으로 산업생산의 부식성에 비유될만한 뿌리뽑힘의 형태라고 통렬하게 비판했던) 민족주의에 맞서 진정한 애국주의(세계 시민권의 지역적 의미)를 옹호했다. 그녀는 산업화의 결과를 거부하는 자신에게 영감을 준 원천으로 기독교와 마르크시즘을 들었고, 대규모 산업의 등장을 막아 노동조건의 개선을 가져오는 이상향이라는 구상을 제안했다. 러스킨(Ruskin)처럼 그녀는 노동이 다른 사람과 사회적 질서에의 충성에 토대를 둔 채 기꺼이 복종하는 마음으로 담당하는 과제이길 바랬다. 또한 엄숙함과 은총이 일상의 모든 행동에 깃드는 삶을 경건하게 사모하는 한 형태가 곧 노동이 되기를 원했다. (《엄숙함과 은총(Gravity and Grace)》, 베유의 노트를 기초로 티봉이 편집해 1952년에 출판됨) 경제생활을 보는 베유의 심오하게 도덕적인 시각은 법을 바라보는 그녀의 관념에도 영향을 주었다. 그녀는 (칸트와 함께) 법이 자유를 침해하지 않고 도덕성을 강요해야 한다고 생각했다. 그녀는 그런 개념을 표현한다고 보았던 영국의 헌정체제를 존중했다. 그러나 그녀의 심오한 개인주의 때문에 법만으로는 충분치 않으며 구원은 오직 희생에의 내적인 결의를 통해서 온다는 견해를 가졌다.

베유의 문화 보수주의는 유럽의 다른 곳에서도 울림을 낳았다. 나는 이 장을 스페인의 마지막 지적 보수주의자였던 한 사람을 잠시 살펴보면서 마치려 한다. 그는 철학자 호세 오르테가 이 가세트(José Ortega y Gasett, 1883~1955)다. 그는 베유처럼 우리 문명의 영적인 조건을 다루었다. 그리고 그 쇠락의 내적인 치유책을 찾았다. 오르테가는 그 자신만의 체계를 개발한 철학 교수였다. 부분적으로 에드문드 후설(Edmund Husserl, 1859~1938)의 현상학에서 영향을 받았다. 그러나 그가 보수주의에 기여한 주요 내용은 대중을 읽어내는데 집중한 그의 책들에 있다. 그는 책에서 모든 철학적 전문성을 한편에 밀쳐놓고 명징하고 선명한 문장으로 도덕적이고 정치적인 가르침을 주었다. 세 권의 책은 그 제목에서 그의 사상이 어느 방향을 가리키는지 스스로 드러낸다. 《우유부단한 스페인(España invertebrada, 1921)》, 《예술의 비인간화(La deshumanización del arte,1925)》, 그리고 가장 유명한 《대중의 반란(La rebelión de la masas, 1930)》이 그 세 권이다.

오르테가는 잠시 공화정부 의회의 의원이었다. 그러나 내전이 시작되자마자 스페인을 떠났다. 그 시대 이전에 썼던 그의 글은 스페인의 민족 문화를 향한 경의와 심오한 사랑에 기초했었다. 가톨릭교회의 보호아래 있었지만 농업경제의 물질적 현실도 충분히 인정하면서 정착된 생활 방식은 스페인의 특성을 뚜렷하게 드러내고 스페인이 독립공화국으로 존재하려면 언제나 필요한 어떤 미덕들을 가져다주었다. 용기 성실 그리고 굳건한 자립심이라는 이 미덕들은 가정의 통일성, 통과 의례의 성스러움을 강조하는 대중문화와 일치했다. 전통적이고 '단호한' 오르테가의 스페인은 남녀의 성적인 차이를 강조했다. 예컨대 투우, 플라멩코 춤 그리고 농촌 공동체에서 벌어진 피의 복수와 같은 남성성과 여성성의 공개적 과시 말이다. 오르테가는《사냥과 소(La caza y los toros, 1960)》에서 투우사 문화와 영국식 사냥을 생생하게 그렸다. 오르테가의 이 글은 스페인 내전에서 파시즘에 희생된 좌익의 인물인 페데리코 가르시아 로르카(Federico García Lorca)의 시들에서 표현된 비극적 토착성을 똑같이 상기시켰다.

《대중의 반란》에서 오르테가는 전통적 도덕과 사회 질서에 더 이상 복종하지 않는 대중들의 파괴적 활동들을 향해 어떤 귀족적인 경멸을 드러낸다. 그에 따르면 '대중'은 그들을 허용한 정치 조직의 새로운 형태 때문에 존재한다. 그는 이를 현대적 형태의 민주주의로 규정한다. 그 안에서 개인은 각자가 보유한 권력과 상관없이 동등한 권리를 갖는 존재로 여겨진다. 그리고 모든 특권은 적대적으로 처리된다. 전체의 획일성을 회복하겠다는 목적으로 가능한 한 모든 곳에서 이 특권은 훼손되고 만다. 이 책은 토크빌의《미국의 민주주의》와 마찬가지로 민주주의와 동등한 시민권이라는 개념이 궁극적으로 무엇을 의미하는지 연구한 내용이며, 점증하는 하향평준화의 압력에 맞서 싸우는 저지선을 형성하는 데 필요한 옛 문화적 요소의 일부를 유지하자는 호소다.

오르테가의 스페인은 내전에 휩쓸렸다. 나머지 유럽 대륙은 나치즘 파시즘 공산주의로 파괴됐다. 오르테가가 탄식해마지 않았던 유럽사회의 미덕은 많이 남아 있지 않았다. 엘리엇이 상기시켰던 영국의 평화나, 티봉과 베유가 옹호했던 뿌리내리기도 마찬가지다. 그럼에도 문화 보수주의는 중대한 지적 운동으로 남아있다. 세계를 구성하는 복잡한 마음가짐의 일부인 오늘날의 보수주의다.

나는 마지막 장에서 앞서와 마찬가지로 영국과 미국을 중심으로 그 마음가짐을 요약해보려 한다.

6장

정치적 올바름과 이슬람 극단주의

현대 보수주의는 국민 주권을 요구하는 세력에 맞서 전통을 옹호하려고 시작됐다. 진보라는 물질주의적 강령에 맞서 싸울 때는 종교와 고급문화를 배양하자는 호소였다. 사회주의와의 투쟁에서 보수주의는 고전적 자유주의자들과 힘을 합했다. 보수주의는 이렇게 서구 문명이 맞닥뜨린 적들과 싸워온 투사였다. 그런 보수주의는 현재 두 개의 적들을 마주하고 있다. 정치적 올바름(political correctness, 표현의 자유에 가해지는 제약이며 거의 모든 측면에서 서구의 죄책감을 강조한다는 점이 가장 큰 특징이다.)이 하나요, 종교적 극단주의, 특히 와하비 살라피(Wahhabi Salafi) 분파가 장려하는 호전적 이슬람주의가 그 둘이다. 이 모든 변화들 속에서도 변하지 않는 사실이 있다. 말하자면 좋은 건 새로이 창조되기보다는 쉽게 파괴되고 만다는 확신이다. 또 하나, 정치 공학적으로 만들어진 변화에 맞서 그런 좋은 걸 지켜내려는 결단도 변함이 없다.

2차 세계 대전 이후 영국의 지적인 보수주의는 지식인들 삶의 변방에서 그저 파편적인 세력으로만 존재했었다. 정치와의 연계는 거의 없었으며 대학에서도 사실상 전혀 지지를 받지 못했다. 토리(Tory)를 '그 멍청한 무리(the stupid party)'라고 평가절하 했던 존 스튜어트 밀은 주류 지식인들 사이에 존재했던 견해를 표현했을 뿐이다. 심지어 보수주의의 의미를 가장 명료하게 이해하고 옹호했던 사람들조차 스스로 보수주의자라 고백하기를 꺼렸다. 이런 관점에서 특별히 중요했던 인물은 조지 오웰(George Orwell은 필명이고, Eric Blair가 본명이다. 1903~1950)이다. 그는 스스로 사회주의자이자 노동 계급의 굳건한 옹호자라고 자처했다. 하지만 20세기의 거대한 위기에 직면해서도 애국적 의무에 부응하라는 요구를 거부하는 지식인들과는 완벽하게 절연했다. '냄새나고 하찮은 정론'으로 무장한 좌익의 지식인들 말이다.

1949년에 발간된 오웰의 소설 《1984(Nineteen Eighty-Four)》는 상상의 형태로 전체주의를 묘사했다고 잘 알려져 있다. 또 대체 불가능하다고 증명된 몇몇 단어를 만들어 정치 언어를 풍부하게 만들었다. 이런 단어들엔 볼셰비즘의 두문자어들(acronyms)('코민포름', '코민테른' '프롤레쿨트' 등)을 풍자하는 어휘들과 (Ingsoc, 혹은 영국 사회주의의 이념적 필요에 부응하고 이단적 사상-사상범죄-을 불가능하게 만들고자 고안된) 신어(Newspeak)들이 포함된다. 예를 들면 프롤리피드(prolefeed, 대중 혹은 프롤(proles)에게 제공되는 허접한 오락이나 가공의 뉴스), 언퍼슨(unperson, 역사에서 사려 깊게 제거해 버린 사람), 더블

싱크(doublethink, '모순되는 명제를 한 사람의 마음에 간직하고 그 두 가지 생각을 동시에 수용하는 힘') 등이다. 오웰은 또 독재자의 효율성을 나타내는 최후의 단어로 '사상경찰(thought police)'이란 말을 만들어 내고 《동물 농장(Animal Farm, 1945)》에서 사용했다. 《동물 농장》은 공산주의를 풍자한 소설로 가장 유명하며, 그의 풍자는 '모든 동물은 평등하다. 그러나 일부는 다른 동물보다 더 평등하다.'는 구절에 함축된다.

사실 오웰의 정치적 우화들은 추후 영국과 미국 지식인들의 삶에 침투한 정치적 올바름(political correctness)을 정확하고 통렬하게 예측했다. 이단적 사상이 발생하지 않도록 엄격하고 혹독하게 진행되는 언어 통제, 사물을 묘사하는 자연스러운 방법과 전통적 분야에 가해진 폭력, 기억의 삭제와 주도면밀한 과거 탈색 등은 모두 《1984》에서 기분 나쁘게 묘사됐다. 문제는 이런 현상들이 이제는 유럽과 미국의 대학 캠퍼스에서조차 일상적으로 목격된다는 사정이다. 그리고 알란 블룸(Allan Bloom)이 그의 영향력 있는 책 《미국 정신의 폐쇄(The Closing of the American Mind, 1987)》에서 지적한 일도 흔하게 나타난다. 또 그런 현상을 주목하라고 촉구한 보수주의자들은 우리 시대의 금지된 '주의(ism)' 혹은 '혐오(phobia)', 예컨대 인종차별주의, 성차별주의, 동성애혐오, 성전환 혐오, 무슬림 혐오 등의 어느 하나를 대변하는 사람으로 악마처럼 치부되거나 무시된다. 포용(inclusion)에 헌신하는 사회에서 유일하게 허용되는 '혐오'는 그 대상이 보수주의자일 때뿐이다.

이런 상황 때문에 지식인들의 세계에서 아주 핍진해진 보수주의자들은 스스로를 규정하는 방법을 불가피하게 바꿔야만 했다. 그리고 그들이 무엇을 지키려 왜 싸우는지를 자각하게 해주는 '문화 전쟁'을 그 방법의 핵심 요소로 삼았다. 정치적 올바름이 무엇인지 이해하고 그에 맞서 싸우는 방법을 찾는 일이 이제는 보수주의자들의 가장 두드러진 과제가 되었다. 정치적 올바름은 단순히 자유 개인주의(liberal individualism)의 최종 단계일 뿐인가? 스스로 선택한 정체성 앞에 모든 장벽들은 당연히 제거되어야만 하는 그런 단계인가? 만일 그렇다면 보수주의자들은 그런 장벽들 중 무엇을 여전히 지켜내야 하나? 그 장벽을 지켜내려는 그들의 노력은 어떻게 정당화 될까? 혹은 정치적 올바름이란 위대한 자유주의적 전통의 타락일 뿐인가? 평등이 시급하고 압도적인 명분이어서 자유는 전혀 남아있지 않고, 사회적 구분을 옹호하려는 사람들에 저항하면서 모든 사회적 삶은 그저 무자비한 마녀사냥에나 몰두해야 하는가?

오웰의 수필들은 문화 보수주의의 고전들이며, 가장 유명하게는 〈사자와 유니콘: 사회주의와 영국의 정수(精髓)(The Lion and the Unicorn: Socialism and the English Genius)〉가 있다. 이 수필은 도시 근로자 계급의 소박한 관습과 소규모 작업에서 시몬 베유의 뿌리내리기를 발견한다. 그는 기독교도의 강령이 영국에서는 어떤 호소력도 없다고 느꼈기 때문에 기독교에 결코 마음을 빼앗기지는 않았다. 그러나 영국의 노동계급은 기독교 정신에 물들어 있으며 조심스럽고 소박하며 온정적이라고 믿었다. 그는 영국인들이 전쟁이라는 커다란 고통을 이겨내도록 도운 관습과 제례에 기독교 정신이 반영돼 있다고 보았다.

오웰은 전후 지식인들 사이에서 스스로를 좌익에 속한 사람이라고 규정했다. 당시엔 자기 자신을 보수적이라고 인정할 준비가 돼 있던 사람은 거의 없었다. 앞에서 언급했듯이 우익에서 가장 영향력이 큰 지성인이었던 하이에크도 스스로를 자유주의자라 묘사하고 싶어 했다. (우연하게도 오웰은 《노예의 길(The Road to Serfdom)》에 대단히 우호적인 서평을 1944년 4월 4일 발표했다.) 그럼에도 그 때나 지금이나 진정한 보수적 지식인 계급은 현대 영국에 존재했다. 보수적 운동은 학문 세계 이곳저곳에 뿌리 내리는데도 성공했다. 특히 마이클 오크쇼트의 지도 아래 있던 런던 정경 대학(LSE)의 정치학과에 안착했다. 그 학과 인맥의 하나로 이라크 유태인 엘리 케두리(Elie Kedourie)가 있었다. 그는 자유주의적 죄책감이라는 비루한 문화에 맞서 외교 정책에서 토리(Tory)의 전통을 강하게 옹호했다. 《채텀 하우스의 시각과 여타의 중동 연구들(The Chatham House Version and Other Middle Eastern Studies, 1970)》이라는 그의 저서는 아직 애국적 이상과 위대한 영국의 국가 주권을 믿었던 사람들에게 강력한 메시지를 보냈다. 케두리는 19세기 유럽을 휩쓸었던 그런 종류의 '이념적 민족주의(ideological nationalism)'를 엄격하게 비판했다. 그의 관점으로는 그 민족주의가 현대 세계 전반의 법과 질서에 위협이 되었기 때문이다《아시아와 아프리카의 민족주의(Nationalism in Asia and Africa, 1970)》. 그러나 영국적인 애국주의는 현대 대중정치가 부추기는 군중 정서를 잠재울 만한 차분한 대척점이라고 보았다.

또 다른 런던 정경대 기반의 망명객이 있었는데 그는 헝가리 태생의 피터 바우어(Peter Bauer, 1915~2002)였다. 그는 보수주의자들이 왜 해외 원조에 반대하는지를 밝힌 일련의 출판물을 거듭 출간했다. 그는 해외원조가 '자국민을 빈곤에 빠뜨리는 정부를 보상하는 정책'이라고 보았다《발전에 이의를 제기한다(Dissent on Development, 1972)》. 그리고 또 다른 정경대 학자인 케네스 미노그(Kenneth Minogue, 1930~2013)는 뉴질랜드에서 온 이민자로서 영국의 유산과 불문(不文)의 자유 헌정을 지적으로 옹호하는 일에 평생을 바쳤다. 말년의 저작, 《노예의 정신: 민주주의는 어떻게 도덕적 삶을 갉아 먹는가 (The Servile Mind: How Democracy Erodes the Moral Life, 2010)》에서 미노그는 내가 이미 오르테가에서 주목했던 보수주의의 반민주적 성향을 날카롭게 묘사했다. 미노그는 민주적 가치의 확산이 궁극적으로는 한 시민사회가 지속적이려면 반드시 의지해야 하는 구별과 경쟁(distinction and emulation)의 문화를 언제나 저해한다고 주장했다. 그의 주장은 미국의 사회학자 찰스 머레이(Charles Murray)의 저작에서 영감을 받아 복지체계를 향해 이뤄진 여러 공격 중 하나였다《근거의 상실: 1950~1980 미국의 사회 정책(Losing Ground: American Social Policy 1950~1980, 1984)》.

최근 영국 보수주의에 대단히 많은 이민자들의 목소리가 포함된 사실은 우연이 아닐지도 모른다. 이민자들에겐 대영 제국이 짓누르는 부담감을 느낄 필요 없이 영국의 독특한 문화, 제도, 법률을 우호적으로 이야기해도 되는 특권이 있다. 그런 문화와 제도들 덕분에 영국은 불길이 치솟는 세계 속 수많은 난민자의 피난처가 되어주었기 때문이다. 영국인들은 모든 형태의 보수주의를 적으로 보는 정치적 올바름이라는 두려움 때문에 그런 문제들을 놓고 소리 높여 이야기하길 꺼린다. 자기 검열뿐 아니라 자기부정의 문화가 언론과 대학을 옥죈다. 따라서 대영제국의 제도와 정치적 위계질서를 큰 소리로 찬양하는 사람이라고 알려지면 좌파 기득권의 조롱과 배척만 살 뿐이다.

그럼에도 불구하고 주류에 반대하는 세포들은 존재했고 그들의 영향력은 덩치와 달리 컸다. 그런 현상의 전형적인 사례가 케임브리지대학 소속의 가장 오래된 학교인 피터하우스(Peterhouse)의 모리스 코울링(Maurice Cowling, 1926~2005)을 중심으로 부상한 일군의 역사학자들이었다. 코울링의 중요성은 너무나 커서 2005년에 〈오픈 데모크라시(Open Democracy)〉라는 사이트에 게재한 나의 추모사(obituary)를 여기서 인용하고자 한다. 왜냐하면 그 글은 내 평생 목격했던, 몇 안 되는 요새에서 벌어진 화려한 반란의 멋을 조금이나마 느끼게 해주기 때문이다.

모리스의 지성이 퍼뜨린 부정적 영향력은 막대하다. 그는 어떤 확신도 뒤흔들고 어떤 정서적 애착에도 경멸을 퍼붓는다. 기독교 신앙에 따른 믿음을 제외한 모든 신념을 그는 그렇게 대했다. 보수적 신념도 예외는 아니었다. 신념은 사람들이 불편한 현실에는 마음을 닫아걸고 동료들의 좋은 평판을 얻으려는 이기적인 편법이라고 말이다. 정작 그 자신은 불편한 현실을 태평하게 받아들이며 살아갔다. 오직 똑똑한 제자들이나 심기가 편치 않은 언론인들과의 어울림, 끊임없이 펼쳐지는 인간의 어리석음이라는 장관(壯觀) 앞에 냉소적 웃음을 계속 짓게 해주는데 필요한 적당량의 위스키만 원했을 뿐이다.

모리스가 개념의 세계를 우상파괴적인 시각으로 바라본 이유는 부분적으로 언론의 세계에 진출했기 때문이다. 그의 언론계 진출이 정점에 이르렀던 1971년은 평생의 친구였던 조지 게일(George Gale)이 〈더 스펙테이터(The Spectator)〉의 편집장으로 임명됐을 때였다. 게일은 모리스에게 서평담당 편집자가 되어달라고 요청했다. 게일과 코울링의 지침 아래 〈더 스펙테이터〉는 명징한 보수적 목소리와 사상을 전하는 묵직한 도구가 되었다. 그들의 그러한 작업은 〈더 스펙테이터〉의 소유주가 바뀐 1974년에 때 이르게 끝나버렸다. 모리스는 피터하우스에 있던 자신의 방으로 되돌아갔다. 그리고 그의 걸작으로 2001년에 등장한 《현대 영국에서 종교와 공공의 강령(Religion and Public Doctrine in Modern England)》의 세 번째이자 가장 두툼한 책을 계속 써나갔다. 이 책의 목적은 두 가지였다. 첫 번째는 현대 영국 사회의 발전에 사상이 미친 지배적 영향력을 보여주는 데 있었고, 두 번째는 그러한 사상들이 바로 무엇을 쟁취하려했는지 판정하는 일에 종교가 미친 지속적인 영향력을 지적하는 데 있었다.

모리스의 방법은 역사편찬에서 아날학파(연감학파)가 선호하는 방법과는 정반대였다. 교회 신자 명부, 병원 진료기록, 인구 변화 추이, 사회 경제 실태조사보다는 의원들이 주고받은 편지, 옥스퍼드와 케임브리지 대학의 연구자들 사이에 벌어진 논쟁과 대립, 이름 없는 성공회 사제들이 발표한 소책자들을 더 중요하게 여기며 역사를 기술했다. 키블(Keble)의 옥스퍼드 운동(문화 보수주의 초기 발현)과 함께 시작된 성공회주의 논쟁은 영국 역사의 진행 방향에 영향을 미친 모든 지적인 운동들로 이어졌다고 모리스는 보았다. 콜리지(Coleridge), 아놀드(Arnold), 러스킨(Ruskin), 그리고 리비스(Leavis)라는 과학에 맞선 문화 집단, 밀(Mill), 액튼(Acton), 다이시(Dicey), 메이틀랜드(Maitland)의 헌정체제를 둘러싼 논쟁, 의회 안팎에서 벌어진 자유주의와 보수주의의 대립, 세속주의의 으스스한 바람이 영국을 휩쓸고, 영국의 연약함과 고유함이 성공회 기도서의 종교적 확신을 대체하면서 나타난 현대 영국의 전반적 추세까지도 말이다.

모리스를 비판하는 사람들은 그의 주제 선택이 상궤를 벗어났고 그의 역사학 방법론은 근거가 없다고 여겼다. 그러나 다른 사람들은 공인들의 정신적이고 영적인 내면을 신중하게 관찰하는 그의 글에서 영감과 깨달음을 발견한다. 만약 그가 드러내려했던 만큼 개념이 중요하다면 그 개념들을 반박하고 분석하고 조롱하면서 보낸 모리스의 삶은 결코 헛되이 쓰이지 않았다. 그의 학문은 그 폭이 너무 컸기에 그가 쓴 모든 글은 새로운 정보를 담았고 어떤 주제를 보는 새로운 관점을 제시했다. 그는 자유주의를 집요하게 비판했으며 밀(John Stuart Mill)을 다룬 그의 책은 제임스 핏제임스 스티븐(James Fitzjames Stephen)의 《자유, 평등, 동지애(Liberty, Equality, Fraternity),1873~1874》라는 저서 이래 최초로 밀의 자유주의적 시각이 평범한 인간의 품위에 가해진 위협이라는 사실을 밝히려는 주요한 시도였다. 모리스는 몇 세대의 학부학생에게 자유주의의 정론에 대항할 예방주사를 놓아주었다. 그러나 세상을 보는 그 자신만의 긍정적인 견해들은 빈정거림이라는 장막 뒤에 숨어있기에 구별해내기가 쉽지 않다.

모리스 코울링 세계관의 핵심이라고 느끼는 그 빈정대기(irony)는 사실 근래 대영제국의, 아니 구체적으로 영국 보수주의의 두드러진 특징이다. 보수적 논평가들은 꼬투리잡기 좋아하는 비평가들을 넘어서려는 시도로 자신의 견해를 표명하다가도 동시에 빈정대며 그 견해에서 물러서곤 한다. 마치 틀림없는 사실이라고 더 이상 수용되지 않는 무언가를 순진하게 믿어버리는 습관이 있다는 핀잔을 듣기 싫다는 듯 말이다. 이런 성향은 〈더 스펙테이터〉와 〈더 데일리 텔레그라프〉 주변의 회의적인 필자들 집단에서 더 많이 나타났다. 그들은 플릿(Fleet) 가(街)의 킹스 앤 키즈 펍 (Kings and

Keys Pub, 당시 이 술집 위층에서 데일리 텔레그라프 신문이 만들어졌다.)과 인근의 와인바 엘 비노(El Vino)에서 만나고 마셨다. 그곳엔 언론인뿐 아니라 영국 변호사 협회 소속 변호사들도 들락거렸다. 그 사람들 중엔 텔레그라프의 사설을 쓰던 맹인 어틀리(T. E. Utley)도 있었다. 그는 마가렛 대처 정부의 지적인 과제가 무엇인지 지정해주는 일에 대부분 관여했다. 언론인 콜린 웰치(Colin Welch)와 페레그린 워스트온(Peregrine Worsthorne)경, 소설가 킹즐리 에이미스(Kingsley Amis), 역사가 폴 존슨(Paul Johnson) 등도 그곳에 출몰했다. 존슨은 좌익에서 망명해왔다. 서구 문명의 옹호가 진정한 보수적 가치라고 보았던 사람들은 세계사를 보는 존슨의 포괄적인 시각을 중요한 수단으로 삼았다.

존슨은 영국의 또 다른 이단적 집단인 프리랜서 역사가들에 속한다. 그들은 상아탑의 사학이라는 제약에서 벗어나 현대 정부의 커다란 문제들에 몰두했다. 영국의 더 젊은 보수주의자들엔 그러한 역사가들이 많다. 앤드류 로버츠(Andrew Roberts), 니알 퍼거슨(Niall Ferguson), 제인 리들리(Jane Ridley)가 그들이다. 이 중 많은 사람들이 모리스 코울링처럼 영국 19세기 위대한 사상가의 하나인 메이틀랜드(F. W. Maitland, 1850~1906)에게서 영감을 얻었다. 메이틀랜드는 사후에 발간된 강연록, 《영국 헌정사(The Constitutional History of England, 1908)》에서 영국의 헌법은 비록 암묵적이고 절차적이며 문서가 아니라 관습에서 도출되지만 명확한 실체가 있다는 고전적 증명을 제시했다.

메이틀랜드는 영국의 역사를 보수적 관점에서 재구성하려는 백년간의 시도를 출범시켰다. 그는 계몽 시대가 아니라 관습법과 의회의 대의제가 영국 정치질서의 기초로써 개인의 자유를 확립했다고 주장했다. 제한된 정부는 영국에서 예외적인 현상이 아니라 오래된 규칙이었으며 17세기와 18세기의 이론가들이 주장한 권리들은 관습법에 언제나 내포돼 있었고, 정치적 절충 과정이 중세 이래 헌정 변화의 주요한 도구였다고 메이틀랜드는 역설했다. 그러나 이러한 헌정변화의 현상들이 고유의 내재적 원칙을 따라서 발생했다기 보다는 그저 경제력에 대응해 발전했을 뿐이라고 보는 마르크시즘의 역사 이론은 메이틀랜드의 자세한 영국 헌정사 설명 앞에서 쉽게 그 설득력을 잃었다.

메이틀랜드는 부분적으로 독일의 보수적 법학자인 오토 폰 기에르케(Otto von Gierke, 1841~1921)에게서, 그 외로는 영국 법에서 영감을 얻어 법인격 이론도 개발했다. 그는 주식과 신탁법을 영국 정신의 탁월한 업적이라고 강조했다. 이는 국가에 위협이 되거나 국가의 허락을 득하지 않고도 공통의 목적을 위해 사람들이 힘을 모으게 해주는 방법들이기 때문이다. 그러한 제도들은 영국에서 자유로운 결사나 독립적 기관들이 중앙정부의 권력을 제한하는 사회의 출현을 일찍이 촉발했다. 결국 영국의 고유성을 보는 메이틀랜드의 이런 시각이 우리 시대 영국 보수주의에 영감을 주어왔다. 또한 경제학자나 철학자가 아니라 역사학자들이 이 시대의 필요에 맞게 그런 시각을 적용한 진정한 이유이기도 하다.

미국의 지적인 보수주의는 약간 다른 경로를 밟아왔다. 자유주의적 헌법에도 불구하고 미국은 여러 가지 측면에서 보수주의가 사회·정치 철학으로 가장 영향력이 있었던 곳이다. 정부의 운용이나 국민의 지적인 삶에서도 마찬가지다. 미국은 또한 사회적 고립이란 위험을 느끼지 않으며 보수주의자라고 고백해도 되는 곳이다.

여기엔 크게 두 가지 이유가 있다. 첫 번째로 헌법은 연방 헌법으로 고안됐다. 그 헌법의 목적은 연방의 다양한 사람들에게 최소한의 조건들만 강요해 주들을 단결시키는 데 있었다. 따라서 현대 사회의 정부들이 관할하는 많은 사안들을 개별 주의 입법기관에 맡겼다. 이는 보수적 정서가 가장 강력하게 남아 있었던 기존의 관습과 전통을 유지하려고 연방 헌법의 권한을 다시 제한하려는 시도였다.

두 번째 이유는 미국 사회가 의존하는 많은 제도와 관습들은 시민적 연대의 산물이지 연방체나 주의 사법 구조들이 좌우하지 않았다는 사실과 관계가 있다. 현대 국가로 성장하는 동안 미국은 아래에서 위로, 시민들의 자유로운 연대로 건립됐다. 《미국의 민주주의》에서 토크빌은 이 점을 주목하고 찬양했다. 이는 보수주의가 왜 시민 사회의 철학으로 받아들여져야 하는지 그 근거를 제공했다. 국가의 제도로 뜯어 고치고 통제하려는 시도에 맞서 시민적 질서 본연의 형태들에 골격을 주고 정당화하는 철학이 바로 보수주의였다.

미국에서 자유지상론자(libertarian)들과 보수주의자들은 사회를 국가의 장악에서 벗어나게 해야 할 필요를 강조했다. 자유지상론자들은 개인의 자유를 유지하는 데 필요한 최소한의 범위 안에서만 정치사상과 실천이 어떤 형태의 법과 원칙에 부합하도록 요구되어야 한다고 주장한다. 반면 자유지상론자들의 이런 요구로 암시했듯이 보수주의자들은 무언가 그 이상으로 중요한 사항이 있다고 믿는다. 사회는 그 건강과 지속성을 유지하려면 개인의 자유 탓에 위험에 빠져버린 관습과 전통에 의지해야 한다. 비록 그 관습과 전통마저 개인의 자유를 나타내는 표현방식들일 뿐이라고 해도 말이다. 미국 보수주의의 철학적 과제는 그러한 관습과 전통을 어떻게 정의하느냐, 또 국가의 통제 밖에서 그런 관습과 전통이 내적인 역동성을 발판으로 어떻게 지속되고 번성하는지 보여주어야 하는 일이었다.

시민적 연대라는 미국적 기풍의 한 결과인 인문대학(liberal art college)들은 이런 점에서 특별한 중요성을 지닌다. 인문대학은 광범위한 고등교육 체제를 만들어냈으며 그 체제 안에서 정치적 사정을 고려하지 않은 채 그들 자신의 고유한 교과 과정, 가치와 목적을 선택했고 필요하다면 정치적 올바름을 거부해도 좋았다. 미국의 광대함, 그리고 엄청난 부와 기회들 덕분에 인문대학과 유사한 시도들은 언제나 솟아났고, 새로운 현상들이 언제나 자라났다. 그래서 좌파의 가장 강력한 준동에도 불구하고 생명력이 충만하고 습기가 있는 곳에서는 보수적 바이러스가 언제나 또 다시 뿌리를 내리게 된다. 이 장에서 그와 관련된 모든 인물들을 다 거론하기는 불가능하다. 그러나 특별히 두 사람, 윌리엄 F. 버클리(William F. Buckley)와 러셀 커크(Russell Kirk)는 언급해야 한다.

윌리엄 버클리 주니어(1925~2008)는 그의 세대에서 '미국 보수주의의 압도적 목소리이자 처음으로 분파를 초월해 가장 위대한 보수주의자'[8]라고 조지 내쉬(George H. Nash)는 묘사했다. 분파를 초월했다는 의미는 버클리가 그의 글과 삶에서 미국 보수주의 운동의 3가지 주요 측면, 문화 보수주의, 경제적 자유주의, 그리고 반공주의를 통합하려 시도했기 때문이다. 대단히 영향력 있는 버클리의 첫 번째 책, 《예일의 신과 인간(God and Man at Yale), 1951》은 공공연히 무신론적이었던 모교와 초기 단계였던 반미국적 문화를 공격하는 그의 삶과 작업의 전반적 방향을 설정했다. 처음부터 버클리는 신실한 로마 가톨릭 신자로 기득권을 재치 있게 비판하는 반체제 인사였으며 승산 없는 대의명분을 열렬히 전도하는 사람이었다. 1955년 그는 〈내셔널 리뷰(National Review)〉라는 잡지를 창간했다. 이 잡지는 2차 세계 대전 이후 미국에서 발행된 수많은 보수 잡지 중에 가장 설득력 있고 확신에 찬 매체였다. 〈내셔널 리뷰〉의 지면을 통해, 또 그의 저서와 기고문, TV 대담 시리즈인 〈사선(射線,Firing Line)〉[48]을 통해 버클리는 보수주의를 정치 운동으로 규정하려 줄기차게 노력했다. 이 운동에서는 사상들이 주도적인 역

48 버클리가 사회자로 등장해 1966년부터 1999년까지 제작된 TV 주간 시사토론으로 33년간 1504회가 공영방송(PBS)등에서 방송됐다.

할을 했으며, 미국의 종교와 사회적 유산을 옹호해주는 당대의 목소리가 발견됐다.

버클리는 경제적 자유주의를 옹호했고 그런 점에서 급진적 개인주의자인 아인 란드(Ayn Rand, 1905~1982)와 같은 무리에 속했다. 아인 란드의 철학은 공산주의에 맞서는 공격적인 대응이자 미국의 기업가 문화를 옹호했다. 그런 태도를 분명히 개진하며 아인 란드는 수 세대에 걸쳐 미국인들에게 영향력을 행사했다. 니체와 다윈의 영향을 동시에 받은 란드는 자본주의가 경쟁이란 불꽃으로 의지와 기지(wit)를 단련시키고 강화해, 사회 지배에 필요한 엘리트를 창조하는 기제(機制)라고 보았다. 그녀는 자신의 철학을 '객관주의(objectivism)'라고 묘사했다. 그리고 객관주의는 감성적인 순간에 사람들이 마땅히 그랬으면 좋겠다는 모습이 아니라 우리를 있는 그대로 보여준다고 믿었다. 그녀는 자신의 시각이 과학적으로 뒷받침되며, 자신이 평생토록 지적으로 드잡이해온 상대인 마르크시스트와 마찬가지로 종교를 경멸했다.

란드는 인류의 열등한 부류가 사회주의의 혜택을 본다는 믿음은 단순한 환영에 불과하다고 주장했다. 사회주의 정책들은 그저 최상의, 가장 유능한 사람들이 그들의 재능과 기술을 발현하지 못하도록 막을 뿐이기 때문이다. 그러나 우리는 모두 그런 능력 있는 사람들의 성공에 의지한다. 왜냐하면 더 모자란 존재가 살아갈 틈이 들어설 만한 물질적이고 도덕적 공간을 그 능력자들이 창조하기 때문이다《이기심의 미덕(The Virtue of Selfishness), 1964》. 그녀의 소설들에서 란드는 여러 차례 니체식 초인(Nietzschean Übermensch)의 초상을 그려내려 시도했다. 비록 그 결과가 모든 사람에게 호소력이 있지는 않았지만 분명히 그녀의 많은 추종자들에게는 먹혀들었다. 그들의 열정적인 지지 덕분에 그녀는 당대에 매우 성공적인 작가 중의 하나였으며 그녀 스스로 초인의 삶을 과시하듯 살아갔다.

그러나 버클리는 란드를 매력적으로 여기지 않는 사람들 중의 하나였다. 그는 란드의 무신론을 불쾌하게 여겼다. 그녀가 주창한 독특한 형태의 급진적 개인주의는 미국의 전통과 유리됐다고 보았다. 아울러 인간의 약점이나 불완전함에 부득이하게 수반되는 모든 정상적인 현상들도 외면했다고 생각했다. 따라서 그녀의 개인주의는 미국 유산의 핵심이라고 할 친절함(kindness)과는 완벽하게 이질적이라고 판단했다. 란드의 니체식 초인주의에서 미국의 보수주의를 분리해 내야할 중요성에 버클리는 주목했다. 그에게 그 초인주의는 낯선 수입품이며 러시아 혁명의 터무니없는 정신으로 물들었다. 실제로 란드는 러시아 혁명 직후 도주해 미국으로 망명했다. 1964년 그는 란드의 '지성적으로 고갈된 철학은 지적이고 도덕적인 초월성을 강조하는 보수주의자의 철학과 결정적으로 병립불가능하다'고 썼다. '그 철학은 에렌버그(Ehrenburg)[49], 사보나롤

49 1891~1967, 볼셰비키 혁명을 지지한 작가이자 언론인.

라(Savonarola)[50] 혹은 아인 란드(Ayn Rand)의 입에서 나왔더라도 본질적으로 부당하다. 어조의 부조화는 물론이고 경직되고 도식적이며 무자비하고 고집 센 독단이기 때문이다.'[9]

이와 마찬가지로 버클리는 보수주의가 반유대주의(anti-Semitism), 아니 어떤 형태의 인종적 고정관념과도 거리를 두게 하려는 취지에서 〈내셔널 리뷰〉의 지면을 활용했다. 그에게는 신뢰할 만한 현대적 세계관을 세우겠다는 중요한 목적이 있었다. 그런 가치관에는 인종이나 문화적 배경과 무관하게 모든 미국인이 한마음으로 동참할 만해야 했다. 아울러 그 시각은 건국의 아버지들이 구상한대로 정부의 제도들은 물론 미국인의 종교적이고 사회적인 전통들을 높게 받들어야 한다. 그는 마틴 루터 킹(Martin Luther King)을 존경하게 됐으며, 1960년대 민권운동에 반대한 보수주의자들은 커다란 실수를 저질렀다고 믿었다.

버클리는 〈우익의 관점에서(On the Right)〉라는 격주 칼럼을 쓰면서 '문화 전쟁'에 적극적으로 참여했다. 이 칼럼은 미국 전역 320개 신문에 연재됐다. 그는 1964년 대통령 후보, 배리 골드워터(Barry Goldwater)[51]가 미국적 삶의 방식을 되살려 내리란 희망을 보

50 1452~1498 르네상스 시대 피렌체에서 활동한 도미니쿠스회 소속 수도사 종교개혁가로 민주정치를 시도하려 했다.

51 1909~1998, 미국 정치인으로 애리조나 주 상원의원. 1964년 대통령 선거에서 공화당 후보가 됐으나 민주당 린든 B. 존슨에 대패했다.

았다. 국민들은 종교와 가정과 헌법을 가장 소중하게 간직하고, 미국이란 나라는 국내외에서 공산주의자와 사회주의의 위협에 맞서 단호한 태도를 견지하리라고 말이다. 아인 란드 역시 당시 수많은 지적 이단자들의 상상력을 사로잡은 골드워터의 열렬한 지지자였다. 미국이 일종의 유사 사회주의로 휘청거리며 걸어갈 때였다. 골드워터의 패배와 정계 퇴출은 미국 보수주의의 역점 사항을 근본적으로 변화시켰다. 그 이후 미국 보수주의는 자유주의자들의 질주를 물고 늘어지는 뒷다리 잡기식의 싸움을 벌였다.

그런 싸움의 하나가 헌법과, 헌법의 의미를 규정하는 대법원을 둘러싸고 벌어졌다. 로널드 드워킨(Ronald Dworkin)[52]과 같은 대학의 자유주의자들에서 비롯됐지만, 그 파장이 대학을 훨씬 넘어 광범위하게 문화적 변화를 가져올 일련의 판결에서 대법원은 건국의 아버지들이 전혀 생각하지 않았던 방식으로 헌법의 권리와 자유를 해석했다. 건국의 아버지들은 오히려 대법원의 해석에 강한 반감을 느꼈을지도 모른다. 특히 버클리가 싸워서 이기지 못한 두 가지 사태의 전개를 꼽아 보면, 미국 헌법에서 낙태할 권리(명확하게 규정되지 않은 '사생활의 권리'의 일부로)와 동성 결혼의 권리를 대법원이 '발견했다'는 점이다.

최근 보수주의 운동이 벌인 가장 중요한 투쟁의 하나는 미국

52 1931~2013, 법학자이자 정치철학자다. 미국의 헌법을 시대에 맞게 도덕적으로 읽어야 한다고 주장했다.

헌법을 있는 그대로 지키려는 싸움이었다. 전반적으로 보수주의자가 선호하는 방향(태어나지 않은 아이의 권리처럼)으로 끌고가려는 싸움이 아니라, 자기들 구미에나 맞는 권리와 자유를 헌법 해석에 끌어들이려는 현대 자유주의자들과의 투쟁이었다. 이 전투에서 중요한 인물은 법무장관이자 법학자인 로버트 보크(Robert H. Bork, 1927~2012)였다. 그에게 대법관의 의무는 건국의 아버지들이 처음에 의도했던 내용 그대로의 엄격한 해석이지, 헌법 자체의 정신과 조문에 어긋나는 대법관 자신의 욕망과 선입견을 반영하는 일이 아니었다《미국의 유혹(The Tempting of America), 1990》. 비록 이견의 폭이 있긴 하겠지만, 헌법은 건국의 아버지들이 예견하지 않았거나 못했던 상황을 두고선 그들의 견해를 추정해 해석될 여지가 있긴 있다. 그러나 그러한 모든 추정은 헌법의 전반적인 의도를 존중하는 선에서 이루어져야 한다.

이런 저런(주로 자유주의적) 선입견을 만족시키려 헌법 구절의 해석을 끌어대는 습관은 사실 헌법 자체를 통째로 부정하고, 헌법이 입법권과 사법권을 제약하는 측면을 인정하지 않는 처사다. 더욱이 이는 국민이 선출한 대표자인 의회의 의지를 거부하고 사법부에게 입법권을 허용하는 셈이다. 따라서 이는 미국인의 민주적 전통에 위반된다. 보크는 특히 낙태를 합법화한 로 대 웨이드(Roe v. Wade, 1973) 판결을 신랄하게 비판했다. 현대의 타락에 맞서 미국의 정신적이고 도덕적 유산을 옹호한 그의 보다 철학적인 글 때문에 그는 보수주의자들의 진영에서 버클리와 〈내셔널 리뷰〉의 강력한 우군으로 굳건한 위치를 확보했다. 그 결과 1987년 레이건 대통령이 보크를 대법관 후보로 지명했지만 자유주의적 기득권 집단이 격렬하게 반대했고 그의 대법관 지명은 상원에서 인준되지 못했다.

전후 보수주의 운동의 지도적 인물로 여기서 언급되어야 마땅한 또 다른 인물은 러셀 커크(Russell Kirk, 1918~1994)다. 그의 저서 《보수의 정신(The Conservative Mind, 1953)》[53]은 폭넓은 지적 관점에서 보수주의적 시각을 규정하려는 최초의 그리고 지속적으로 영향력을 발휘해온 저작이다. 커크는 윌리엄 버클리가 〈내셔널 리뷰〉를 창간하도록 도왔고 그 자신도 잡지 〈모던 에이지(Modern Age)〉를 1957년에 창간했다. 커크는 《보수의 정신》에서 수많은 보수 사상가와 정치인들이 참여한 지적, 정치적, 문화적으로 통일된 운동을 기술하려 시도했다. 엘리엇(Eliot), 체스터턴 (G. K. Chesterton)[54] 같은 인물에 강하게 영향을 받은 커크는 자유주의적이고 사회주의적 개념들을 반박해온 수많은 사람들의 개념과 정책들을 이미 버크가 예견했고, 우리가 모두 배울 만한 내용으로 잘 정리했다고 주장했다. 커크 자신보다 이 문제에서 커크를 훨씬 더 명료하게 묘사한 제럴드 러셀로(Gerald Russello)에 따르면 커크의 철학은 다음과 같은 '원칙(canon)'이나 마음가짐에 그 토대를 두었다

53 역자의 번역으로 출판사 지식노마드가 2018년 국내에서 출간했다.

54 1874~1936, 20세기 가장 영향력 있는 영국 작가의 하나. 속담이나 격언을 뒤집어 재기발랄하게 활용하는 데 능해 역설의 대가라는 칭호를 받았다.

고 한다.

1. 초월적인 질서를 믿는 신념. 커크는 이 신념이 전통, 신의 계시, 혹은 자연법에 기초를 둔다고 다양하게 묘사했다.

2. 인간 존재의 '다양성과 신비스러움'에 느끼는 애정.

3. 사회는 사람들의 타고난 차이를 강조하는 질서와 계급을 필요로 한다는 확신.

4. 재산권과 인간의 자유는 긴밀하게 연결됐다는 신념.

5. 널리 합의된 지혜와 규범과 관습을 믿고, 신중함이란 정치적 가치를 존중하기에, 혁신은 기존의 전통과 관습에 연결되어야 함을 인정하면서 추진해야 한다.

커크는 이러한 원칙들을 체계적인 방법으로 개발하지 않았다. 그는 차라리 기존의 지성계를 전부 훑어 그에게 가장 매력적이었던 꽃봉오리를 하나씩 따내는 방법을 선호했다. 커크의 이런 원칙들은 이를 정당화하는 데 필요한 철학적 주장들에서 유리되고 나면 다소 평범한 모습이며 철학이라기보다는 희망사항들의 목록같이 보였다. 그럼에도 커크가 전후 미국인 세대, 특히 젊은이들에게 모범을 제시했다고 말해야 공정하다. 그는 보수적 시각이 공통의 유산이고 믿을만한 정치 강령이라고 제시했으며, 엘리엇(Eliot)의 시에서 보이듯 최고의 예술적 노력을 경주해야 할 영감이기도 하다고 시사했다.

그렇다고 미국에서 보수주의의 철학적 유산이 경시됐다는 말은 아니다. 자유주의자인 존 롤스(John Rawls)[55]의 《정의론(A Theory of Justice, 1970)》이라는 주요 저서에 뒤이어 최근 미국 학계에서 하이에크가 상세히 그 영역을 기록한 '사회 정의(Social Justice)'를 두고 논란이 벌어졌다. 롤스는 부드러운 사회주의를 폭넓게 옹호했다. 그에 따르면 정의는 개인의 행동들이 아니라 재화와 이익의 배분에 있다. 이는 게임이론이나 도덕 철학 그리고 분석적 형이상학에서 가져온 정교한 주장으로 뒷받침된다. 의도한 바는 아니었겠지만 그 주장의 결과로 평범한 보수적 양심이 혼란에 빠졌다. 보수주의자들은 따라서 그에 맞선 대응을 자유지상론자, 특히 철학자 로버트 노직(Robert Nozick)[56]에 맡겼다. 그는 《무정부, 국가와 이상향(Anarchy, State and Utopia, 1974)》이라는 저서에서 정의를 분배의 형태라는 관점에서 규정하는 롤스의 정의론은 언제나 자유를 침해하며, 우리의 일상적 관계를 형성하는 '소유권 이전(transfer)을 보호하는 정의'에도 반한다고 주장한다. 여기서 노직의 주장은 복잡하고

55 1921~2002, 하버드 대학 정치 철학 교수. 정의론은 평등과 자유의 개념을 조화시키려는 시도였다.

56 1938~2002, 야경국가론 또는 최소국가론을 주장하면서 국가는 필요악일 뿐이라고 생각했다.

꽤 길다. 그러나 미국의 보수주의자들은 그들이 주목하는 범위 안에서는 이 자유지상론자의 견해에 동의를 표했다고 말해도 좋다.

이처럼 보수주의자와 자유지상론자가 융합했던 사례는 1970년대 미국과 영국에서 발생한 다양한 모습의 운동에서 목격된다. 그리고 그들은 때때로 '신 우파(New Right)'라고 불렸다. 왜냐하면 부분적으론, 적어도 지적인 수준에서는 1960년대의 '신 좌파(New Left)' 운동에 맞서 등장했기 때문이다. 신 우파 운동은 레이건과 대처의 동맹을 성원한 지적인 동반자였고, 소비에트의 침략에 직면해 서구의 시민적 가치들을 재확인하려는 시도였으며, 학계 장악에 나선 마르크시스트나 신 마르크시스트의 시도를 제압하려는 비체계적 대응이었다. 신 우파 운동은 버클리가 주도했던 경우처럼 여러 세력을 아우르는 초분파적 세력으로 번져가지 않았다. 영국에서는 대체로 삼십 년에 걸쳐 부드러운 사회주의라는 지배적 담론에 희생된 절망적 피해자들이 그 중심이 됐기 때문이다.

사회 정치적 문제에 '시장의 해결책'을 옹호하던 한 세력은 '신자유주의'로 알려진 이념을 앞세우는 집단이 됐으며, 처음에는 시카고학파의 경제 이론이나 버지니아 대학에서 개발된 '공공 선택'이론[57]들과 연계됐다. 이 양대 학파는 신 우파 운동에 앞서 발생했으며 신 우파의 경제적 주장에 그 핵심적 근거를 제공했다. 중

57 비시장적 의사결정을 경제학적으로 연구하는 이론이다. 시장 실패에 따라 정부 개입을 당연시하던 견해에 맞서 오히려 정부실패의 가능성을 제기했다.

요한 사상가로는 시카고의 밀턴 프리드만(Milton Friedman)이 있다. 그의 책 《자본주의와 자유(Capitalism and Freedom, 1962)》는 로널드 레이건 대통령 재임 기간 미국의 보수적 정책연구기관(think tanks)들이 교과서로 삼았다. 버지니아 대학의 제임스 뷰캐넌(James M. Buchanan)이 1962년 고든 툴록(Gordon Tullock)과 공저한 《동의의 계산; 입헌 민주주의의 논리적 토대들(The Calculus of Consent: Logical Foundations of Constitutional Democracy)》은 순수하게 경제적 관점에서 민주주의의 작동원리를 설명하려는 시도였다. 뷰캐넌과 다른 사람들은 그 책의 이론들을 개발해 관료들의 '지대 추구' 행위를[58] 설명했다. 따라서 많은 이들이 과장되게 주장한 복지 국가의 '사회 정의'라는 가면을 벗겨버리고, 시장이 사회주의 관료들보다 덜 동정적이라는 관점을 강력하게 반박했다.

한동안 신자유주의는 조셉 알로이스 슘페터(Joseph Alois Schumpeter, 1882~1950)의 유명한 명제를 추인하면서 포괄적인 정치철학으로 부상하는 듯했다. 그는 1942년 《자본주의, 사회주의 그리고 민주주의(Capitalism, Socialism and Democracy)》라는 책에서 자본주의 기업가는 '창조적 파괴'의 폭풍으로 죽어가는 모든 습관과 제도들을 휩쓸어버린다고 주장했다. 기업가야말로 시대변화에 긍정적으로 적응하는데 필요한 진정한 도구라는 설명이었다. 그러나 새로운 경제체제에서 결혼, 가정, 예술, 신앙, 그리고 민족까지 모조리 판매 가격이 매겨져 국제 경매에 붙여지자 좌파뿐만 아니

58 관료들이 공공의 이익보다는 자신들의 이익을 추구한다는 지적이다.

라 우파에서도 폭넓은 경고음이 울렸다. 그 결과 오늘날 신자유주의는 우리 유산의 중요한 부분이라기보다는 위협으로 간주되는 일이 잦아졌다.

그에 따라 신 우파 안에 또 다른 대항적 흐름이 부상했다. 그것은 평등이라는 사회주의적 우상 숭배에 따른 전복의 시도나, 시장의 힘을 포함해 글로벌리스트 세력의 영향 아래 벌어지는 해체의 위협으로부터 소중한 것들을 보호하려는 시도다. 이 운동은 1982년 내가 편집장이었던 〈솔즈베리 리뷰(Salisbury Review)〉의 창간과 함께 영국에서 출범했다. 이 잡지의 명칭은 총리였던 3대 솔즈베리 후작(Marquess of Salisbury, 1830~1902)의 이름에서 따왔다. 그가 오늘날 대중적으로 거의 알려지지 않은 이유는 눈에 뜨이지 않는 변화를 추구했기 때문이다. 〈솔즈베리 리뷰〉는 부상하는 '다문화주의'라는 당대의 주류에 맞서 전통에의 애착과 국가 정체성을 앞세우는 시각을 견지했다. 이 잡지는 또한 1980년대 신 우파와 동유럽의 반체제 운동을 연결해주는 중요한 고리이기도 했다. 이 잡지는 체코나 폴란드 그리고 헝가리의 지하 운동이 보내온 편지와 기사를 실었으며 전체주의적 공산주의가 마르크시즘 내의 일탈이 아니고 신좌파의 사고가 불가피하게 이끌어가는 도착지라고 강조했다. 그러나 이 잡지의 중요성은 신 마르크시즘 좌파와의 대결이라기보다는 대규모 이민이 제기한 도전에 직면해 영국의 문화와 제도를 옹호하려는 데 있었다.

민족 국가의 핵심적 측면을 거부하는 이슬람 공동체들이 영국에서 커져갔다. 영국 학교들은 이런 공동체에 속한 아이들을 그들의 부모가 신성모독이라고 비난하는 세속적 질서에 통합시켜야 한다는 헛된 과업을 떠맡았다. 그리고 좌파 자유주의적 기득 세력은 이 나라의 사회 구조에 벌어지는 일을 평범하고 진지한 언어로 논의하려는 사람을 '인종차별주의자(racist)'라고 비난했다. 그들이 교사이든, 사회 운동가든, 언론인이든 그 누구라도 다 그런 딱지를 붙여버렸다. 이러한 사실들은 보수주의에 새로운 과제를 안겨 주었다. 〈솔즈베리 리뷰〉의 필자들과 편집자들은 1980년대에 손해를 감수하며 이 과업을 자신들의 일로 받아들였다.

사실 오늘날 우리가 처한 상황에서 과거에 지배적이었던 의견들은 논점의 핵심을 벗어난 듯 보인다. 서구 문명의 방어는 이제 배분의 정의를 앞세우는 사회주의 구상이나 국내의 앙심(resentment)과 대결하는 문제가 아니다. 차라리 급진 이슬람의 형태로 나타나는 교조적 무장 세력들과의 투쟁이 절실한 과제가 됐다. 이제 또 다시 보수주의자와 자유주의자는 나란히 힘을 합해 그들이 공유한 목표, 스스로 선택한 정부 아래 살아가는 자유로운 개인들의 사회를 옹호해야 한다. 그들은 이제 자유로운 발언이나 자유로운 의견이 폭넓게 위협받고, 풍자가 위험해졌으며, 세속적인 정부라는 근본적인 전제를 사람들이 더 이상 공유하지 않는 그런 세계에서 살아가기 때문이다. 누구나 그런 정부의 혜택을 누리면서도 말이다.

보수주의자는 따라서 새로운 방향으로 몸을 틀어 기독교적 유산에서 세속 정부의 뿌리를, 양심의 자유가 지배적 원칙의 하나가 된 사회에서 종교의 위치를 탐구한다. 그러면서 보다 넓은 세계에서 전제적인 이슬람 운동들에 직접 맞서자는 방향으로 미국의 외교정책을 전환하려고 노력해온 연구기관이나 정치 자문가들이 생겨났다. 우리는 이들을 '신보수주의자(neo-conservative)'라 칭했다. 그들이 그리 불리는 이유는 부분적으로나마 현재의 조건에서 보수주의는 더 이상 시장 경제나 자유교역의 문제가 아니라 더 폭넓은 국제적 과업이라고 인정했기 때문이다.

세 명의 사상가가 이 새로운 운동을 대표한다. 미국에서는 사무엘 헌팅턴(Samuel Huntington), 프랑스에서는 피에르 마낭(Pierre Manent), 영국에서는 나 자신이다. 우리는 매우 다른 전제에서 시작한다. 그러나 우리는 무슬림 이민이 서구 문명에 닥친 도전이며, '문화다원주의'라는 공식적인 정책이 해결책이 아니라 오히려 문제의 일부라는 믿음에서는 일치한다.

사무엘 헌팅턴(1927~2008)은 민주화를 다룬 저작들로 잘 알려진 정치학자다. 그는 후에 공산주의의 몰락에 이은 새로운 국제적 상황을 다루었다. 《문명의 충돌(The Clash of Civilisations and the Making of World Order, 1996)》이라는 그의 저서가 말하고자 하는 요점은 다음과 같다. 이슬람 세계가 서구적 태도, 기술, 세속화의 국제적 확산에 맞서 싸우면서 기존의 냉전적 대립은 폭력적이고 무질서한 문명의 대결로 대체된다. 이 때문에 그는 《우리는 누구인가?(Who Are We? 2002)》라는 저서에서 미국의 정체성이라는 질문을 제기하게 됐다. 2001년 9월 11일 벌어진 테러리스트들의 만행(뉴욕과 워싱턴에 자행된 911 공격)에 뒤이어 집필된 이 책에서 그는 우리 자신의 정체성이 무엇인지 그 확신을 회복하지 않고는 이슬람의 위협에 일관성 있는 방법으로 대응하지 못할 것이라고 주장했다. 그가 말한 확신이란 우리의 정치제도뿐만 아니라 그 제도들의 궁극적 기반인 정신적 유산까지 확신해야 한다는 의미였다. 이슬람의 호전성에 대처하는 올바른 대응은 따라서 자유주의 질서와 세속적 국가의 재확인에 그치지 않는다. 그것은 문화 보수주의의 체계적 정책 안에서 우리 자신을 재발견하는 일이다.

헌팅턴의 주장은 그가 미국의 신조(American Creeds)라 부르는 내용으로 수렴된다. 그는 이 신조가 초기 정착민의 '영국 신교도(Anglo-Protestant)' 문화에서 온다고 믿었다. 그는 그 근거로 대륙을 거듭 휩쓸고 간 개신교의 '각성운동(Awakenings)'과 연결된 미국의 국가 이념 강화와 미국 정치 제도의 발전을 지켜보는 최근 역사학계의 학문적 증거들을 열거했다. 미국이라는 개념에서 종교적 유산을 분리해 내고, 성스러운 약속으로 시작한 삶을 순전히 세속적 정치체제로만 재구성하려 든다면 미국의 경험에서 가장 활력적인 요소를 부인하는 일이 되고 만다는 지적이었다.

헌팅턴이 보고자 했던 바는 문명이란 단지 자유와 관용을 베푼다고 지켜지지 않는다는 점이다. 당신 삶의 방식을 향해 적대감에 사로잡힌 사람들에게 관용만 베푼다면 그저 파괴에 문을 열어주는 셈이다. 우리는 우리가 누구이고 무엇을 지향하는지 재발견해야 한다. 그것을 다시 발견하고 그것을 위해 싸울 준비가 돼야 한다. 과거에 그랬듯 현대의 보수주의자가 전하는 메시지는 바로 이것이다. 우리가 싸워서 지키려고 하는 대상은 단지 정치적 유산뿐만이 아니라 종교적 유산이기도 하다.

피에르 마낭(Pierre Manent)도 자신의 책 《프랑스의 상황(La Situation de la France, 2015)》에서 비슷한 주장을 폈다. 이 책 역시 이슬람 테러리즘에 맞서 쓰인 책이다. 2015년 1월 〈샤를리 에브도(Charlie Hebdo)〉라는 주간지의 기자를 살해한 사건에 뒤이어 쓰였다. 1949년에 태어난 마낭은 파리의 사회과학고등연구원(École des Hautes Études en Science Sociales)의 교수이며 〈코망테르(Commentaire)〉의 공동 창간인이다. 이 잡지는 지난 30년 프랑스에서 보수적 사고가 솟아난 주요 원천이었다. 레오 슈트라우스(Leo Strauss)를 읽고(4장을 보라) 그에 영향을 받은 마낭은 서구 문명의 깊은 의미를 광범위하게 저술했다. 그는 서구문명이 그리스 고대도시와 연결됐으며, 종교적 억압과 제국의 지배에 맞서 시민의 조건을 규정하고 확장한다고 보았다. 현대적 맥락에서 마낭은 무슬림 시민들이 프랑스 혁명가들의 최초 선언이 선포하는 대로의 '인권'이라는 강령에 진심으로 복종하리라 기대하기 어렵다고 주장한다. 그럼에도 우리는 우리 사회에서 그들의 종교적 삶이 존중되는 위치를 찾아야 한다. 우리는 그들에게 동료 시민들과 공유할 만한 충성의 대상을 제공해야 한다. 마낭에게 이 공유된 충성의 대상이란 법의 지배 아래 정신적 유산으로써 만들어진 국가여야 했다. 유럽, 유엔, 인권법, 혹은 이슬람 공동체(ummah) 그 자체라는 초국가적 대안은 무슬림 소수집단을 사회에 통합시켜야할 시급하고 직접적인 필요에 오히려 역행하거나 설득력이 없어 보였다. 그러나 프랑스의 현 지배층은 미래를 가리키는 유일한 안내자로 유럽 공동체나 세계화를 채택하고, 모든 프랑스인들이 세속적 공화국의 단지 불편부당한 법으로만 결속된다 해도 기본적 개인으로 살아갈 만하다고 믿으며 국가의 의도적 약화를 공모한다.

더 나쁜 상황은 공적인 집단에서 이뤄진 토론의 의도적 묵살이었다. 아울러 상황을 있는 그대로의 적절한 이름으로 묘사하지 못하도록 거부하는 일도 있었다. 그리고 선동적인 단어인 '이슬람 혐오'같은 말을 채택해 전적으로 상상 속의 적들을 만들어내기도 했다. 현 상황을 보는 공적인 시각에 따르면 이슬람의 테러리즘이란 이슬람 공동체에 지속적으로 가해진 범죄에 맞서 이뤄질 뿐이라고 한다. 누가 그 범죄를 저지르느냐고 묻는다면 무슬림의 관습이 프랑스의 전통 사회 질서와 어긋난다고 주목하는 모든 사람들이다. 프랑스 정부의 이런 공식적인 선전선동은 현실을 외면한다. 프랑스의 이슬람 공동체는 프랑스 밖, 예컨대 사우디아라비아의 부유한 와하비 선교단의 재정 지원을 받고 그 종교적 지도에 따른다는 사실을 말이다. 그들은 프랑스를 자신들 공동체 생활의 근원이자 그 대상으로 간주해야할 동기가 없다. 더구나 유럽 공동체로 통합하자는 계획은 문제를 더 악화시킬 뿐이다. 왜냐하면 무슬림 공동체의 통합은 국가적 수준에서만 이뤄지기 때문이다. 국가 안에서만 그들은 투표로 자신들의 의사를 국가 운영에 반영할 수 있다. 유럽 공동체의 수준에선 국민들의, 특히 무슬림 공동체의 의사가 반영되기 어렵기 때문이다.

프랑스의 이슬람 문제에서 마낭이 보인 섬세한 대응은 프랑스의 정치 문화적 유산을 깊게 성찰한 결과이며, 4장에서 묘사된 가톨릭 부흥(renouveau catholique)을 촉발한 국가적 개념의 정당화이기도 하다. 2002년 출판된 《서구와 그 나머지(The West and The Rest)》는 9/11 테러리스트의 공격 이후 마음먹은 내 자신의 숙고를 통해 전통적 수니 이슬람과 법의 세속적 지배 사이에 팽팽하게 드러나는 대립과 긴장을 보여주려 했다. 나는 세속 정부, 언론 자유의 원칙, 대의제 기관들과 이에 맞서 존재하는 종교공동체 사이엔 심대한 간극이 있다고 주장했다. 종교 공동체란 신에의 복종이나 성스러운 법으로만 형성되고 작동하기 때문이다. 또한 종교 공동체는 국가의 경계와 그 종교 공동체에 반대하는 사람들의 권리, 혹은 우리가 속한 정치 공동체를 인정하지 않는다. 정치 공동체란 정치 이전에 공통의 충성 대상이 있어야 가능하며, 이 충성은 국가적 관점에서 정의되어야 한다는 마낭의 말에 나는 동의한다.

국가적 충성이란 우리가 이웃과 공유하는 영토에의 애착을 의미한다. 그것은 우리가 즐기고, 또 미국 헌법으로 보호되고 선언된 자유의 터전이다. 공존이라는 정치 형태는 소중한 성취이며, 보수주의자, 자유주의자, 사회주의자들이 모두 함께 헌신해야할 목표이다. 그리고 공존을 위해 우리는 모두 대가를 지불할 준비가 돼 있어야 한다. 공존은 이슬람의 비타협적 태도와 좌익에 팽배한 거부의 문화 때문에 위협받는다. 그리고 그 거부의 문화는 우리의 유산을 지키려는 모든 시도를 '인종차별주의'나 '외국인 혐오'라고 비난한다.

스스로 생각하도록 허용하기만 한다면 자유주의자나 보수주의자, 아니 사회주의자들조차 모두 중요하게 여겨야 할 사안은 시민의식이라는 서구의 유산이며, 그와 병행하는 정체성이다. 그 대목을 나는 다음과 같이 썼다.

> 시민은 권리들을 향유한다. 우선 '인권' 혹은 '자연권'이 있다. 시민이 지배되길 동의하는 사전 조건으로 이런 권리들이 필요하다. 아울러 시민들은 정치과정에 참여할 권리도 누린다. 시민들은 이와 마찬가지로 동료 시민에 지는 의무로도 구속된다. 이 의무들은 구성원의 고유한 경험에서 솟아난다. 시민이란 우선 그리고 가장 중요하게는 서로 낯선 사람들이 모인 사회 구성원이며 그들은 공통의 영토 방위와 그곳에 적용되는 법을 유지하려고 헌신한다. 시민의식은 따라서 영토와 마찬가지로 정치 이전에 충성해야하는 대상의 존재에 달려 있다. 공통의 고향, 여러 세대를 지나오며 그

곳에서 존재해온 사회라는 의식에 뿌리내린 충성심이다. 짧게 말해 우리가 아는 시민 의식은 국가에 그 토대를 두며 법이 지배하는 국가라는 껍질에 싸여 스스로 새로워지는 유기체라고 정의된다. (pp. 60-61)

이슬람은 이와 대조적으로 영토와 무관하게 정의되는 정치 이전의 충성심을 제공한다. 이는 종교의 자유를 부정하며 정치가 아니라 신을 법의 궁극적 원천으로 삼는다. 이슬람 극단주의와의 대결은 극단주의자들이 불러내는 절대자에 맞서는 믿을만한 대안을 강요한다. 우리가 무언가를 믿는데 그치지 않고 우리의 믿음을 실천에 옮기는 방법까지 공부하도록 요구한다. 마낭처럼 나는 기독교의 정신적 유산을, 우리에게 신을 전적으로 사랑하고 이웃을 우리 자신처럼 사랑하라는 그리스도의 두 위대한 규율을 돌아본다. 그리스도가 솔선수범과 우화를 통해 보여주었듯이 이웃은 동료 신자, 가족 구성원, 동료 민병대가 아니라 당신이 마주치는 모든 사람이다. 또한 어떤 이유에서든 네 곁에 있는 사람이다. 국민 국가는 이웃과 영토를 당신이 속해있는 그 무엇으로 고양시킨다. 국민 국가는 미국에서 그러했듯이 서로 다른 신앙과 생활습관을 지닌 사람들을 화해시키는 수단이다. 그리고 우리가 직면한 현 문제의 해결책은 정치적 대변(representation)에 있으며, 그 대변은 국가적 정통성을 공유한다는 전제가 있을 때에만 가능하다는 걸 지배집단이 인정하기만 하면 유럽에서도 그런 화해는 가능하다. 또한 우리는 그러한 진실을 수용하는 이슬람의 한 형태가 부상하리라고 희망한다. 그런 이슬람은 중동 사람들이 말하는 우리가 만나는 모든 이를 찬미하라(sabaHan man jama'naa)라는 구절을 진지하게 받아들인다.

이런 태도는 우리의 공적 생활을 구성하는 자기 검열과 자학이라는 습관에 정면으로 도전한다. 이제 늘 그래왔듯이 보수주의자들은 그릇된 현실을 부인해야 하는 부담감에 짓눌려 고통 받는다. 그들은 이런 고통이 진실을 말하려는 그들의 습관에서 온다고 믿는다. 적대자들은 보수주의자들의 그런 습관이 그저 옛날의, 혹은 그릇되게 기억하는 삶의 방식을 무작정 그리워하거나, 그것을 대체하려고 새로이 등장하는 삶의 방식에 공감하지 못하기 때문이라고 치부한다. 그러나 내 관점으로 볼 때 보수주의는 오늘날 떠오르는 문제의 어떤 해결책에도 반드시 필요한 구성요소이기에, 내가 이 책에서 요약한 사고방식의 전통은 전 세계의 모든 정치인들에게 반드시 가르쳐져야 마땅하다.

참고 서적

현대적 관점에서 보수주의에 긍정적인 생각들을 더 알고 싶은 독자는 내가 쓰고 2014년 런던의 블룸스베리 출판사에서 발간한 《보수주의자가 되는 방법(How to Be a Conservative)》을 읽어보면 좋다. 내가 활용한 자료들엔 기사, 서평, 문학서 등 다양하며 이 도서 목록에 그 모두의 출처를 밝히기는 어렵다. 그러나 내가 의지했던 주요 도서의 목록은 다음과 같다. 저자 이름의 알파벳순으로 책들의 목록을 작성했으며 가능한 한 손쉽게 입수되는 최신판을 명시했다.

Arnold, Matthew, Culture and Anarchy, 1869; edited by Jane Garnett, Oxford World's Classics, 2009

Bauer, Peter T.(Lord Bauer), Dissent on Development, Cambridge MA, Harvard UP, 1972

Bentham, Jeremy, Introduction to the Principles of Morals and Legislation, 1789; New York, Dover Philosophical Classics, 2007

Berry, Wendell, The Unsettling of America, 1977; reissued London, Avon Books, HarperCollins, 2015

Blackstone, Sir William, Commentaries on the Laws of England, 1765-69, editied by

Wifrid Prest, 4 vols, Oxford, OUP, 2016

Bloom, Allan, The Closing of the American Mind, New York, Simon & Schuster, 1987

Bork, Robert H., The Tempting of America: Political Seduction of the Law, New York, Touchstone, 1991

Buchanan, James M., and Tullock, Gordon, The Calculus of Consent: Logical Foundations of Constitutional Democracy, first appearing 1962 onwards, 3 vols, Liberty Foundation 1999

Buckely, William F. Jr, God and Man at Yale: The Superstitions of Academic Freedom, 1951; reissued, Washington DC, Regnery, 1977.

Burke, Edmund, Reflections on the Revolution n France, 1790, in Edmund Burke, Reflections on the Revolution in France and Other Writings edited by Jesse Norman, London, Everyman Library, 2015

Burhnam, James, The Managerial Revolution: What is Happening in the World, 1941; new edition New York, Praeger, 1972

Burnham, James, The Struggle for the World, 1947; reissued London, Forgotten Books, 2012

Burnham, James, Suicide of the West: An Essay on the Meaning and Destiny of Liberalism, 1964; reissued New York Encounter Books, 2014

Carlson, Allan C., The New Agrarian Mind: The Movement Toward Decentralist Thought in Twentieth-Century America, New Brunswick, Transaction Books,2000

Chambers, Whittaker, Witness, 1952:reissued Washington DC, Regnery, Cold War Classics, 2014

Chateaubriand, François-René, Vicomte de, Génie du Christianisme, 1802; Genius of Christianity, or The Spirit and Beauty of the Christian Religion, edited and translated by Charles I. White, Philadelphia, Murphy and Co., 1871(reissued)

Chesterton, G. K., Heretics, 1905; reissued various

Chesterton, G. K., Orthodoxy, 1908; reissued Teddington, Middlesex, The Echo Library, 2006

Chesterton, G. K., The Everlasting Man, 2010; reissued Martino Fine Books, 2010

Coleridge, Samuel Taylor, On the Constitution of the Church and State, According to the Idea of Each, 1830; reissued London, Forgotten Books, 2012

Cowling, Maurice, Religion and Public Doctrine in Modern England, 3 vols, Cambridge, CUP, 1980-2001

Disraeli, Benjamin, Earl of Beaconsfield, Sybil or The Two Nations, 1845; edited by Sheila Smith, Oxford, OUP, Oxford World's Classics, 2008

Eliot, Thomas Stearns, The Idea of a Christian Society, 1939, London, Faber & Faber; reissued 1982

Friedman, Milton, Capitalism and Freedom, 1962; new edition Chicago, Chicago UP, 2002

Hamilton, Alexander, and Madison, James, The Federalist Papers, 1787-88, Oxford, Oxford World's Classics, 2008

Harrington, James, The Commonwealth of Oceana and A System of Politics, edited by J. G. A. Pocock, Cambridge Univesity Press, 1992

Hayek, Friedrich von, The Road to Serfdom, 1944; London, Routledge Classics, 2001

Hayek, Friedrich von, The Constitution of Liberty, 1961; London Routledge Classics, 2006

Hegel, G. W. F., Phänomenologie des Geistes, 1806; Hegel's Phenomenology of Spirit, edited by A. V. Miller, Oxford, OUP, 1976

Hegel, G. W. F., Grundlinien der Philosophie des Rechts, 1821; Outlines of the Philosophy of Right, edited and translated by T. M. Knox, Oxford, OUP, Oxford World's Classics, 2008

Herder, J. G. von, Ideen zur Philosophie der Geschichte von Menscheit, 1784-91; digested in F. M. Barnard, Herder on Nationality, Humanity and History, Toronto, McGill University Press, 2004

Hobbes, Thomas, Leviathan, 1651, edited by J. C. A. Gaskin, Oxford, Oxford World's Classics, 2008.

Hooker, Richard, Of the Laws of Ecclesiastical Polity, from 1594. contained in Works, 3 vols, edited by John Keble, Oxford 1836

Hume, David, The History of England, 1744, 3-vol. Kindle edition available for free

Hume, David, Essays - Moral, Political and Literary, 1777, edited by Eugene F. Miller, New York, Cosimo Classics, 1987

Huntington, Samuel, The Clash of Civilisations and the Remaking of the World

Order, New York, Free Press, 1996

Huntington, Samuel, Who Are We? America's Great Debate, New York, Free Press, 2002

Jefferson, Thomas, Declaration of Independence, 1776, and Notes on the State of Virginia, 1784, in Jefferson: Political Writings, edited by Joyce Oldham Appleby, Cambridge CUP, 1999

Kant, Immanuel, Kant's Political Writings, edited by H. S> Reiss, Cambridge, CUP, 1991

Kedoure, Ellie, Nationalism, fourth edition, expanded, Oxford, Blackwell, 1993

Kedoure, Ellie, The Chatham House Version, and Other Middle Easten Studies, edited by David Pryce-Jones, Ivan R. Dee Inc., 2004

Kirk, Russell, The Conservative Mind, from Burke to Eliot, 1953; abridged edition, New York, Stellar Classics, 2016

Leavis, F. R., New Bearings in English Poetry, 1932; reissued London, Faber & Faber, 2008

Leavis, F. R., Revaluation, London Chatto and Windus, 1936; reissued Harmondsworth, Penguin Books, 1964

Leavis, F. R., Education and the University, London, Chatto and Windus, 1943; reissued Cambridge, CUP, 1979

Leavis, F. R., The Great Tradition, London, Chatto and Windus 1948; reissued Harmondsworth, Penguin, 1972

Lewis, C. S., Mere Christianity, 1952; reissued, London, William Collins, 2016

Locke, John, Two Treaties of Civil Government, 1690, edited by Peter Laslett, Cambridge, CUP, 1988

Maistre, Comte Joseph de, Principe générateur des constitutions politiques, 1809; Generative Principle of Political Constitutions, in The Works of Joseph de Maistre, edited and translated by Jack Lively,London, George Allen & Unwin, 1965

Maitland, Frederic William, The Constitutional History of England: A Course of Lectures Delivered, Cambridge, CUP, 1908

Manent, Pierre, La Situation de la France, Paris, Desclée de Brouwer, 2015

Mason, George, 'The Virginia Declaration of Rights', 1776, in Robert C. Mason,

George Mason of Virginia Citizen, Statesman, Philosopher - Primary Source Edition, Charleston, Nabu Press, 2013(reissue)
Minogue, Kenneth, The Servile Mind, New York, Encounter Books, 2010
Montesquieu, Charles-Louis de Secondat, Baron de, L'Esprit des lois, 1734; The Spirit of the Laws, translated and edited by Anne M. Cohler, Cambridge, CUP, 1989
Nozick, Robert, Anarchy, State and Utopia, New York, Basic Books, 1974
Oakeshott, Michael, Rationalism in Politics, 1962; reissued Rationalism in Politics and Other Essays, edited by Timothy Fuller, Liberty Fund, 1991
Oakeshott, Michael, On Human Conduct, 1975; Oxford, Clarendon Press, 1991
Ortega y Gasset, José, La deshumanizacion del arte, 1925; The Dehumanization of Art and Other Essays on Art, Culture and Literature, translated by Helene Weyl, Princeton, Princeton UP, 1968
Ortega y Gasset, José, La rebelión de las masas, 1930; The Revolt of the Masses, translated by anon, New York, Norton and Co., 1932
Orwell, George(Eric Blair), Essays, edited by Bernard Crick, Harmondsworth, Penguin Modern Classics, 2000
Paine, Thomas, Rights of Man, 1791-2, in Rights of Man, Common Sense, and Other Political Writings, Oxford, OUP, Oxford World's Classics, 2008
Rand, Ayn, The Virtue of Selfishness, 1964; Signet Edition, New York, 1992
Ransom, John Crowe, editor, I'll Take My Stand: The South and the Agrarian Tradition, 1930; reissued, Peter Smith Pub Inc., 1951
Rousseau, Jean-Jacques, Du contrat social, 1762; The Social Contract, introduction by Derek Matravers, Oxford, OUP, Classics of World Literature, 1998
Ruskin, John, The Works of John Ruskin, edited by Edward Tyas Cook, 39 vols, Cambridge, CUP; reissued 2010
Schumpeter, Joseph A., Capitalism, Socialism and Democracy, 1942; London, Routledge Classics, 2010
Scruton, Roger, The West and the Rest, Globalisation and the Terrorist Threat, London, Continuum, 2003
Smith, Adam, The Theory of Moral Sentiments, 1759, Harmondsworth, Penguin Classics, 2010

Smith, Adam, An Inquiry into the Nature and Causes of the Wealth of Nations, 1776, edited by Kathryn Sunderland as The Wealth of Nations, Oxford, OUP, Oxford World's Classics, 2008

Smith Adam, Lectures on Jurisprudence, 1762-6, edited by Ronald L. Meek, Glasgow, Glasgow University Press, 1982

Stephen, Sir James Fitzjames, Liberty, Equity, Fraternity, 1873-4; Ann Arbor, University of Michigan, 1884; reissued, Literary Licensing LLC, 2014

Strauss, Leo, The City and Man, Charlottesville, University of Virginia Press, 1964

Tate, Allen, Collected Poems, New York, Farrar, Straus & Giroux Inc., 2007

Thoreau, Henry David, Walden, 1854; Harmondsworth, Pocket Penguin Edition, 2016

Tocqueville, Comte Alexis de, De la démocratie en Amérique, 1835; Democracy in America and Two Essays on America, edited by Isaac Kramnick, Harmondsworth, Penguin Classics, 2003

Tocqueville, Comte Alexis de, L'ancien regime et la Révolution, 1856; The Old Regime and the Revolution, edited by John Bonner, New York, Dover Books, 2010

Weaver, Richard, Ideas Have Consequences, Chicago, University of Chicago Press, 1948

Weil, Simone, L'Enracinement: Prélude à une declaration des devoirs envers l'être humain, 1949; The Need for Roots: Prelude to a Declaration of Duties towards Mankind; translated by Arthur Wills, with preface by T. S. Eliot, London, Routledge Classics, 2001

Weil, Simone, La presanteur et la grâce, 1952; translated as Gravity and Grace by Emma Crawford and Marion von der Ruhr, with introduction by Gustave Thibon, new edition, London, Routledge, 2002

미주

1 프리드리히 엥겔스 《뒤링을 반박하며(Anti-Dühring)》, 3부 2장, '국가의 사라짐'에 대하여; 로널드 랭(R. D. Laing)의 《가정의 정치학(The Politics of the Family) London, 1971》은 집단적 정신질환의 근원이 '부르주아 가정'이라고 비난한다.; 장 폴 사르트르(J. P. Sartre)는 매튜(J. P. Matthew)가 번역한 《실존주의와 마르크시즘의 사이(Between Existentialism and Marxism) London, 1974》에서 혁명이 '전체화(totalising)' 되고나면 모든 경계들은 해체된다고 주장했다. 그 때 국가, 계급, 국경은 끊임없이 진화하는 '공통의 목적을 목표로 하는 집단 (groupe en fusion)'들로 대체된다는 말이다.

2 이것이 집단적 선택이란 논의의 출발점이다. 죄수의 딜레마가 무엇인지 모른다면 인터넷에 떠도는 수백만 가지 이야기의 하나를 참조해 보기 바란다.

3 야콥 부르크하르트, 《이탈리아 르네상스의 문명(The Civilization of the Renaissance in Italy, 1860)》; 래리 시덴톱 경 《개인의 탄생: 양심과 자유, 책임은 어떻게 발명되었는가?(Inventing the Individual: The Origins of Western Liberalism, 2014)》

4 내가 여기 압축해 요약하는 주장은 다음과 같은 책에 자세히 개진돼 있다. 루드비

히 폰 미제스(Ludwig von Mises)의 《사회주의: 경제적 사회학적 분석(Socialism : An Economic and Sociological Analysis, London 1951》이 첫번째 책이다. 이 책은 1922년 처음 《Die Gemeinwirtschaft:Untersuchungen über den Sozialismus》로 출판됐었다. 또 하이에크의 《개인주의와 경제적 질서(Individualism and Economic Order, Chicago 1948)》의 글들과 특히 그 책에 재인쇄된 《사회주의자의 계산(Socialist Calculation)》에 관한 글 세편이 더 있다. 5장을 보라.

5 토마스 홉스 《리바이어던》 2부 21장

6 《영국의 팽창(The Expansion of England)》, 런던 1883

7 H. L. A. Hart 《법의 개념 (The Concept of Law)》, Oxford, 1961

8 인터넷판 <내셔널 리뷰> 2008년 2월 28일자

9 윌리엄 버클리 Jr, '보수주의의 실증적 정의' 프랑크 메이어 편저 《보수의 뿌리(What is Conservatism?), 1964》 서울, 돌밭 2022, P 289